P.b
1737

O. 1805. sorté.
B.

C.

HISTOIRE
DE KENTUCKE,

NOUVELLE COLONIE

A L'OUEST DE LA VIRGINIE.

HISTOIRE DE KENTUCKE,

NOUVELLE COLONIE

A L'OUEST DE LA VIRGINIE:

CONTENANT,

1°. La Découverte, l'Acquisition, l'Établissement, la Description topographique, l'Histoire Naturelle, &c. du Territoire : 2°. la Relation historique du Colonel Boon, un des premiers Colons, sur les guerres contre les Naturels : 3°. l'Assemblée des Piankashaws au Poste Saint-Vincent : 4°. un exposé succinct des Nations Indiennes qui habitent dans les limites des Treize États-Unis, de leurs Mœurs & Coutumes, & des Réflexions sur leur Origine; & autres Pièces :

AVEC UNE CARTE.

Ouvrage pour servir de suite aux LETTRES D'UN CULTIVATEUR AMÉRICAIN.

Traduit de l'Anglois, de M. JOHN FILSON;

PAR M. PARRAUD,
De l'Académie des Arcades de Rome.

A PARIS,

Chez BUISSON, Libraire, Hôtel de Mesgrigny, rue des Poitevins, N°. 13.

═══════════════════════════

M. DCC. LXXXV.

AVEC APPROBATION ET PERMISSION.

PRÉFACE
DU TRADUCTEUR.

IL n'y a perſonne, je penſe, qui ne ſente l'importance de la révolution qui vient de s'opérer en Amérique. Notre ſiecle, célebre en découvertes, ſera à jamais mémorable par un événement unique dans l'Hiſtoire, l'établiſſement d'une grande République, dans un Pays, qui, par ſon heureuſe poſition, la richeſſe & la variété de ſes productions, l'induſtrie & la ſageſſe de ſes habitans, & plus que tout cela encore, par le ſyſtême de tolérance qui y regne, & la liberté dont l'homme y jouit, ne peut manquer de tenir un rang diſtingué parmi les États politiques de l'Europe, & d'intéreſſer tous les amis de l'humanité.

Il n'en eſt pas de cette République

naiffante, comme de ces anciennes Républiques, de Carthage & de Rome, les plus célebres que l'Hiftoire nous faffe connoître, qui ne parvinrent à ce degré de puiffance & de grandeur, où on les vit s'élever, que fucceffivement & en envahiffant les terres de leurs voifins, & dont les Citoyens, à cette époque même, n'étoient encore que des guerriers à demi barbares, prefque fans connoiffance des Beaux-Arts & des Lettres. Les Anglo-Américains n'ont pris les armes, que pour fe foutenir dans leur Patrie adoptive, & en fondant leur République, ils ont mis à contribution leurs propres lumieres & celles des autres Nations, l'expérience de tous les âges, & celle de leur fiecle. Tout à coup on a vu s'élever parmi eux, ou, pour mieux dire, on y voyoit déjà régner les arts & les fciences, l'induftrie & les talens, les Manufactures & le Commerce. Que ne doit-on pas efpérer d'un Peuple qui dès fon enfance, pour ainsi dire, montre déjà la vigueur & l'énergie de la virilité ?

Tout ce qui a rapport à cette naissante République, mérite sans doute l'attention du Philosophe observateur : hommes, animaux, plantes, les êtres même inanimés, tout est curieux & intéressant dans ce nouvel hémisphere, où la nature est dans toute sa force & comme dans sa fleur, malgré les assertions de quelques Auteurs célebres, qui ont prétendu que le regne animal, sans en excepter l'homme, ainsi que le végétal, y étoient dans une espece de *dégénération*, & fort inférieurs à ceux de l'ancien Continent.

Sous ce point de vue, j'ai cru qu'on verroit avec plaisir la traduction d'un Ouvrage sur une des Contrées les plus favorisées de ce nouveau Continent, sur un Pays qui n'avoit été habité jusqu'à présent que par les Sauvages, ou les bêtes féroces, & qui, au milieu des fureurs de la derniere guerre, dont l'iſſue a été ſi heureuſe pour l'Amérique, ſe peuploit d'hommes ſages & laborieux; ſur Kentucke, en un mot, dont le nom eſt à peine connu en Europe, mais qui ne tardera pas à exciter la curioſité des Voyageurs, & qui ſera bientôt compté parmi les États de l'Amérique.

Kentucke eſt un vaſte territoire, à l'oueſt de la Virginie, borné en grande partie par l'Ohio, qu'on appelle autrement la belle Riviere, & qui lui apporte le tribut de ſes eaux, dont le principal avantage eſt une communication facile avec toutes les parties de l'Amérique ſeptentrionale. Son nom lui vient d'une des principales Rivieres qui l'arroſent, & qui eſt auſſi connue ſous le nom de *Kuttawa*. Peu de Voyageurs ſont parvenus juſques-là; ceux qui ont remonté ou deſcendu l'Ohio, n'ont gueres vu que les parties arroſées par cette Riviere.

Notre Auteur a voulu connoître ce beau territoire; il s'est transporté sur les lieux; il les a parcourus en détail, & d'après ses propres observations, & celles de quelques Habitans, il a composé l'Ouvrage que j'annonce.

Il commence par la description topographique de Kentucke : il fait connoître les productions naturelles, le climat, le sol, le commerce, & autres objets relatifs : quoique cette partie laisse à desirer en plusieurs points; quoiqu'elle ne soit proprement qu'un essai sur la Topographie, & l'Histoire Naturelle de ce Pays, elle est néanmoins précieuse & intéressante. De-là, l'Auteur passe aux aventures du Colonel Boon, contenant une relation historique des guerres que les États-Unis ont eu à soutenir contre les Sauvages, dans ce même territoire que ces derniers avoient vendu, & dont ils avoient promis de se retirer. Car telle est la beauté, la fertilité, la douce température; tels font les charmes de ce beau pays, que les Sauvages ne peuvent s'en éloigner, & qu'ils ne le quitteront qu'à regret, malgré tous les traités & les conventions. On ne doit pas en être surpris : attachés à la terre qui les a vu naître, qui leur fournit abondamment à leurs befoins, qui, enfin, eft pour eux une véritable mere, ces peuples, que nous nommons Sauvages, aiment cette terre comme leur patrie, & ils regrettent de l'avoir cédée à des étrangers. Tout récemment encore ils viennent de faire de nouvelles incurfions, principalement aux environs de l'Ohio. Si cette conduite des Sauvages n'eft pas jufte, au moins elle eft bien pardonnable. En effet, il ne faut que jetter les yeux fur la Carte de Kentucke, pour fe convaincre qu'il n'y a peut-être pas de contrée plus favorifée de la nature : qu'on fe figure un vafte terrain, coupé par une infinité de rivieres & de ruiffeaux de différentes grandeurs, qui arrosent une terre fertile de sa nature, où croissent sans culture diverses plantes utiles, & plusieurs sortes d'arbres chargés de fruits : qu'on se représente de jolis côteaux couverts de verdure, ou ombragés par le faîte orgueilleux d'arbres qui percent les nues : qu'on joigne à tout cela la douceur du climat, dont la température est telle, qu'à peine y connoit-on trois mois d'un hiver assez doux, l'on aura une foible idée de ce fortuné territoire, & l'on avouera que ces pauvres Sauvages n'ont pas tort de le regretter.

Cette relation du Colonel Boon, faite avec cette simplicité & cette candeur qui annoncent la vérité, & lui prêtent de nouveaux charmes, est intéressante, & peut donner matiere à réflexions. Le Lecteur ne peut s'empêcher de s'intéresser vivement à la situation d'un homme abandonné seul au milieu d'un vaste désert, à une distance très-grande de tout établissement, n'ayant pour compagnon de ſes malheurs, pour témoin & pour confident de ſes peines, que les hôtes féroces des bois, dont les hurlemens continuels troubloient ſeuls le ſilence & l'horreur de ces ſauvages lieux, rendus plus terribles encore par la préſence des Sauvages, entre les mains deſquels il pouvoit tomber à tout moment. Telle fut la ſituation du Colonel Boon pendant trois mois qu'il demeura privé de toute ſociété humaine.

A ces détails géographiques & hiſtoriques, l'Auteur a ajouté d'autres morceaux non moins curieux; l'aſſemblée des Sauvages Piankashaws, & des réflexions ſur les Indiens. Par le premier, il nous donne une idée de l'éloquence des Sauvages; dans le ſecond, il nous fait connoître leurs mœurs, leurs coutumes, leur génie, &c. matiere intéreſſante pour le Philoſophe qui veut méditer ſur l'homme.

Tels ſont les objets que notre Auteur

DU TRADUCTEUR. ix

a traités, & tel est l'Ouvrage dont je présente la traduction au Public, persuadé qu'il mérite quelqu'attention de sa part.

J'ai annoncé dans une note, page 70, une Introduction, où je comptois rassembler quelques morceaux, qui ont un rapport plus ou moins direct à l'histoire de Kentucke; mais j'ai préféré de les rejetter à la fin, comme à leur véritable place; & c'est ce que l'on trouve sous l'article d'*Additions*. Le premier & le plus important, est une Déclaration & une Ordonnance du Congrès, concernant l'érection de nouveaux Etats, & la maniere dont il doit être disposé des terres à l'ouest des États-Unis. On sait que vers l'Ohio & le Mississipi il y a de grands territoires dépendans des États-Unis, lesquels sont encore déserts, ou fort peu habités. Le Congrès voulant hâter la population de ces vastes contrées, y a fait plusieurs concessions de

PRÉFACE

terres aux Officiers & aux Soldats de l'Armée Continentale, qui ont servi dans la derniere guerre, & a déterminé la maniere dont il doit être procédé à la vente des autres parties restantes: c'est ce qu'il a fait par cette Déclaration & cette Ordonnance, dont la date est assez récente, & que j'ai également traduites de l'Anglois. Ceux qui s'intéressent au sort de ces nouvelles Colonies de l'ouest, parmi lesquelles Kentucke tient le premier rang, verront sans doute avec plaisir ces actes du Congrès, d'autant plus qu'on vient d'apprendre par les Papiers publics, qu'une lettre de Danville, dans le Comté de Lincoln (1), annonce que les Habitans de Kentucke ont arrêté de demander à la législation de Virginie, dont ce territoire dépend, un acte de séparation, pour former un nouvel Etat, sous le nom de Communauté de Kentucke.

---

(1) C'est un des trois Comtés de Kentucke. Voyez ci-dessous, page 6.

DU TRADUCTEUR.

Je ne dirai rien des autres morceaux que j'ai ajoutés à l'Original : le lecteur décidera de leur mérite, d'après le plus ou le moins d'intérêt qu'il y prendra : mais je pense qu'il ne lira pas sans plaisir les harangues des Sauvages, chez qui on ne s'attendroit sûrement point à trouver des modèles d'éloquence. J'aurois desiré d'y opposer certains discours analogues, pris dans les Auteurs anciens & modernes : ce parallele auroit été piquant; mais il demandoit des recherches, que le temps ne m'a pas permis de faire.

Ceux qui voudront connoître plus particuliérement les mœurs & usages des Sauvages, pourront consulter, outre les Auteurs que j'ai cités dans les Notes & les Additions, *les Voyages* du Baron de la Hontan *dans l'Amérique septentrionale; l'Histoire de l'Amérique septentrionale*, de la Potherie ; *les mœurs des Sauvages Américains, comparées aux mœurs des premiers temps*, de Lafitau ; *l'Histoire des Indiens Américains*, par Adair ; *les*

Voyages dans l'intérieur de l'Amérique septentrionale, de Carver, & ceux de Smith : les trois derniers font en Anglois, & le second seulement vient d'être traduit en notre Langue.

L'Auteur ayant ajouté à son Ouvrage une Carte de Kentucke, je n'ai pas cru devoir la retrancher dans ma Traduction, & je pense que le Lecteur sera charmé de trouver réunies dans un même volume, la Description & la Carte d'un Pays si peu connu. J'ai traduit les noms des Rivieres, Postes, &c. toutes les fois que cela m'a été possible. On y trouve souvent le mot *crique*, qui a été adopté par plusieurs Voyageurs & Traducteurs François; il signifie un grand ruisseau, ou une petite riviere, & vient du mot *creek*, qui a la même signification en Anglois.

PRÉFACE
DE L'AUTEUR.

LA plupart des Géographes qui ont donné des Cartes ou des descriptions de l'Amérique, semblent ou n'avoir pas eu connoissance de Kentucke, ou avoir dédaigné ce Pays, quoiqu'il mérite bien d'être connu. Ceux qui en ont parlé, ont induit le Public en erreur, au lieu de l'éclairer. Toutes les Cartes de Kentucke que j'ai vues jusqu'à présent sont remplies de fautes : mais je puis dire avec vérité que je n'en connois aucune dans celle que je publie ici, soit d'après mes propres observations, & ce que j'ai vu moi-même, soit d'après les instructions que j'ai reçues des personnes qui ont bien voulu me favoriser de leurs lumieres, & qui connoiſſent parfaitement ce qui concerne cette Colonie, depuis ſon premier établiſſement.

Quand je viſitai Kentucke, je trouvai ce territoire ſi ſupérieur à l'idée que je m'en étois faite, quoique j'en euſſe conçu une opinion très-avantageuſe, que je ne pus m'empêcher de plaindre le Public de n'avoir pas une relation fidelle de ce Pays. J'ai donc penſé qu'une deſcription exacte, & une Carte de Kentucke ſeroient des objets intéreſſans pour les Etats-Unis; & de peur qu'on ne m'accuſe d'altérer la vérité, je dois déclarer ici que ce n'eſt point par des vues d'intérêt que je me ſuis décidé à publier cet Ouvrage, mais ſeulement dans l'intention de faire connoître au Public l'heureuſe température, & la fertilité de cette région favoriſée du Ciel. J'imagine que le Lecteur ajoutera plus de foi à mon témoignage, quand il ſaura que je ne ſuis point habitant de Kentucke ; mais que j'ai parcouru avec foin ce beau territoire, & qu'y ayant pris tous les renfeignemens néceffaires, je me fuis mis en état d'en publier une Hiftoire conforme à la vérité, & qu'enfin j'ai fait tous mes efforts pour écarter jufqu'aux apparences de l'erreur.

Certain de ma bonne volonté, j'ofe efpérer que le Public verra mon travail avec indulgence, & qu'il pardonnera facilement les imperfections qui pourront s'y trouver. Les trois perfonnes eftimables qui ont daigné l'honorer de leur fuffrage, les Colonels Boon, Todd & Harrod ont été des premiers colons de Kentucke, & connoiffent parfaitement le Pays. Je déclare qu'ils m'ont beaucoup aidé dans la compofition de cet Ouvrage, auquel ils ont contribué de tout leur pouvoir, par la feule confidération du bien public. Je dois furtout des remerciemens au Colonel Boon, qui, de tous ceux maintenant vivans, est le premier qui ait eu connoissance de Kentucke, comme on le verra par le récit de ses aventures, qui m'ont paru curieuses & intéressantes, & que, pour cette raison, je publie ici, d'après ses propres expressions. J'espere que le Lecteur retirera quelqu'utilité de ce Livre. Ceux qui voudront voyager à Kentucke, y trouveront du moins un guide fidelle, & j'ose les assurer qu'ils n'y liront rien qu'ils ne puissent vérifier sur les lieux. N'ayant pour but que l'utilité générale, je n'ai rien omis de ce que j'ai cru devoir intéresser, & je suis entré dans les plus petits détails. Je desire que le succès réponde à mon attente.

JOHN FILSON.

HISTOIRE

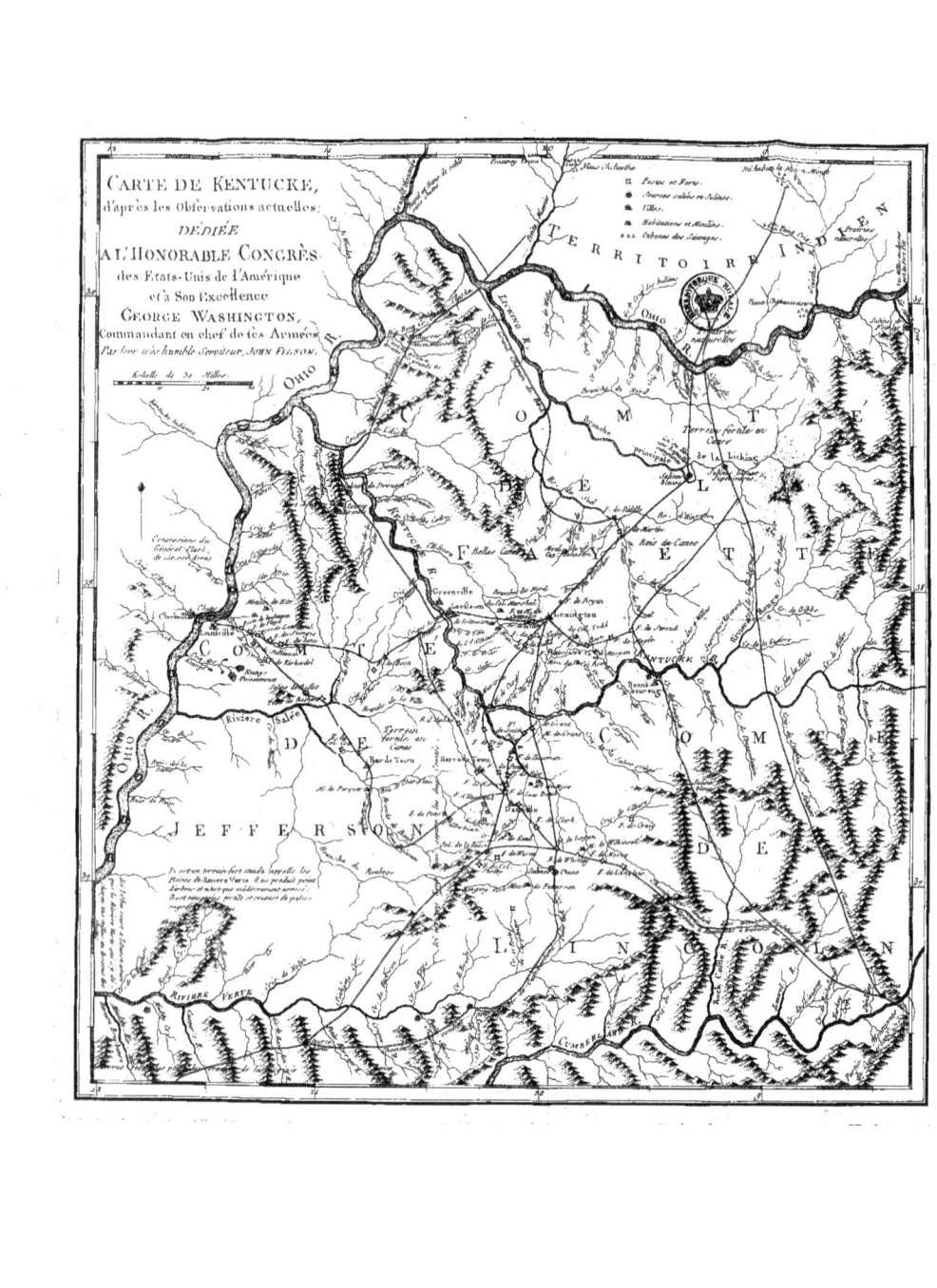

HISTOIRE DE KENTUCKE.

Découverte & achat du territoire.

ON croit que M. James Bride est le premier homme blanc qui ait eu connoissance de Kentucke. En 1754, accompagné de quelques amis, il descendit l'Ohio dans des canots, aborda l'embouchure de la rivière Kentucke, & y marqua trois arbres, avec les premières lettres de son nom, & la date du jour & de l'année: ces inscriptions subsistent encore. Nos voyageurs reconnurent le pays, & retournèrent dans leurs habitations avec l'agréable nouvelle de la découverte d'une des plus belles contrées de l'Amérique septentrionale, & peut-être du monde entier. Depuis cette époque, ce pays fut négligé, jufques vers l'année 1767, que M. John Frinley, & quelques autres perfonnes, commerçant avec les Naturels, pénétrèrent heureufement dans cette fertile région, maintenant appellée *Kentucke*, & connue alors des Naturels fous les noms de *Terre d'Obfcurité*, *Terre de Sang*, *Terre Moyenne*. Ce pays frappa beaucoup M. Finley; mais il fut bientôt obligé d'en fortir, par les fuites d'une querelle qui s'éleva entre les commerçans & les Naturels; & il retourna chez lui dans la Caroline feptentrionale, où il communiqua fa découverte au colonel Daniel Boon, & à quelques perfonnes, qui, la regardant comme un objet très-important, réfolurent en 1769 d'entreprendre un voyage, dans le deffein d'examiner ce pays. Après une longue & fatiguante marche, à l'oueft, dans des lieux fauvages & montueux, ils arrivèrent enfin fur les frontières de Kentucke; & du fommet d'une éminence, ils découvrirent, avec une furprife mêlée de joie, fon fuperbe payfage. Ils y établirent un logement, & tandis que quelques-uns de la troupe allèrent chercher des provifions, qu'ils fe procurèrent facilement, vu l'abondance du gibier, le colonel Boon & John Finley coururent le pays, qu'ils trouvèrent fort supérieur à leurs espérances, & ayant rejoint leurs compagnons, il les informèrent de leurs découvertes. Cependant malgré ces heureux commencemens, qui promettoient du succès, cette petite troupe n'éprouvant que des fatigues & des contre-temps, se découragea, fut pillée, dispersée & détruite par les Naturels, excepté le colonel Boon, qui continua d'habiter ces déserts jusqu'en 1771, qu'il retourna chez lui.

Vers ce temps-là Kentucke attira l'attention de plusieurs personnes. Le docteur Walker de la Virginie, avec quelques compagnons, fit un voyage vers les parties occidentales pour tenter des découvertes, & tâcher de trouver l'Ohio : ensuite, lui & le Général Lewis, achetèrent au fort Stanwix, des Six Nations, les terres situées sur la rive septentrionale de Kentucke. Le colonel Dolnalson de Virginie, étant employé par l'État à tirer une ligne depuis six milles au-dessus de l'Isle-Longue, dans le Holstein, jusqu'aux montagnes de la grande Kenhawa, & y ayant trouvé une grande étendue d'excellent terrein, qu'on pourroit obtenir des Naturels, fut follicité par les habitans de Clench & de Holſtein, d'acheter des Six Nations, les terres fituées fur la rive nord de Kentucke. Le colonel fit cette acquifition pour cinq cens livres ſterlings en eſpèces. Il fut alors convenu de fixer une ligne pour fervir de limites, à commencer de l'Iſle-Longue, dans le Holſtein, juſqu'à la fource de Kentucke; de-là juſqu'à l'embouchure de cette même rivière, & de-là fur l'Ohio, juſqu'à l'embouchure de la grande Kenhawa. Mais l'État refuſa de confirmer cette avantageufe acquifition.

Le colonel Henderſon, de la Caroline ſeptentrionale, informé par le colonel Boon des particularités du pays, conclut un traité avec les Cherokes à Wataga, en Mars 1775, & acheta d'eux les terres fituées fur la rive méridionale de Kentucke, pour fix mille livres ſterlings en eſpèces.

Auſſi-tôt après cet achat, l'Etat de Virginie prit l'alarme, confentit à payer la fomme pour laquelle le colonel Dolnalſon s'étoit engagé, & contefta le droit d'achat du colonel Henderson, comme simple particulier d'un autre État, & comme ayant passé l'acte en son propre nom; néanmoins, à cause des grands services rendus à ce pays, & de l'acquisition importante que faisoit la Virginie à son occasion, cet État jugea à propos de lui céder une étendue de terrein d'environ deux cent mille acres, à l'embouchure de la rivière Verte, & de son côté l'Etat de la Caroline septentrionale lui en accorda la même quantité dans les vallées de Powel.

Depuis long-temps plusieurs tribus de Sauvages se disputoient ce pays; mais leurs titres, s'ils en avoient quelqu'un, n'étoient propres qu'à rendre douteux qui d'entr'eux devoient en être les vrais possesseurs. De-là cette fertile contrée étoit devenue un objet de dissention, & le théâtre de la guerre; d'où elle fut, avec raison, nommée *Terre de Sang*. Cependant leurs débats ne pouvant fixer le droit d'aucune tribu, aussitôt que M. Henderson & ses amis proposèrent l'achat, les Naturels consentirent à le vendre; & nonobstant les avantages considérables qu'ils en ont retirés, ils ont continué depuis à inquiéter les nouveaux Colons.

Situation & limites.

Le territoire de Kentucke est situé, dans sa partie centrale, environ vers le 38ᵉ degré 30 minutes de latitude septentrionale, & le 85ᵉ de longitude; & sa position étant dans le cinquième climat, ses plus grands jours sont de 14 heures 40 minutes. Il est borné au nord par le grand Sandy-Creek (1); au nord-ouest par l'Ohio; au sud par la Caroline septentrionale; à l'est par les montagnes du Cumberland : il a environ 250 milles en longueur, & 200 milles en largeur. Il est à présent divisé en trois comtés, Lincoln, la Fayette & Jefferson, dont les deux premiers sont bornés par l'Ohio, & la Fayette est séparé des deux autres dans sa partie septentrionale par la rivière Kentucke. On y a déjà bâti huit villes, ou, pour mieux dire, bourgs, & plusieurs édifices : un plus grand nombre sont projettés.

Louisville aux chûtes de l'Ohio, & Beardstown sont dans le comté de Jefferson; Harrodsburg, Danville, & Boons-Burrow dans le comté de Lincoln; Lexington, Lees-

___

(1) Le mot *Creek* désigne un ruisseau.

town & Greenville dans le comté de la Fayette; les deux dernières font fur la rivière Kentucke. Dans ces villes, & dans plufieurs autres lieux, tant fur l'Ohio, que fur d'autres rivières, on a établi des magafins pour le tabac, qui peut y être cultivé avec beaucoup de fuccès; mais ce n'eft pas le feul article de commerce que peut fournir le pays.

Rivières.

L'Ohio ou la Belle-Rivière borne Kentucke au nord-oueft dans toute fon étendue. Sa largeur eft d'environ un mille, & quelquefois moins. Elle peut porter de grands bateaux chargés. Son cours eft au fud, 60 degrés oueft, & elle reçoit nombre de grandes & petites rivières qui l'enrichiffent de leurs eaux. Le feul défavantage qu'elle a, eft un faut d'un mille & demi de long, d'un mille & un quart de large, appellé *les Chûtes de l'Ohio*. Là cette rivière coule fur un fond de rochers, dont la pente eft tellement graduée, qu'elle ne paroît pas excéder en tout vingt pieds : en plufieurs endroits on peut remarquer qu'elle n'a que quelques pieds. Quand les eaux font basses, il n'y a que de petits bateaux vuides qui puissent passer ce saut; leur cargaison doit être transportée par terre; mais quand elles sont hautes, les bateaux d'une certaine charge peuvent passer en sûreté. Excepté cet endroit, il n'y a point dans le monde de rivière plus propre à la navigation par bateaux. Outre l'Ohio, Kentucke est arrosé par huit petites rivières, & par plusieurs grands & petits ruisseaux, comme on peut le voir sur la Carte.

La rivière Licking, qui a sa source dans les montagnes avec la rivière Cumberland & la branche septentrionale de Kentucke, coule au nord-ouest l'espace de plus de cent milles, & reçoit dans son cours plusieurs ruisseaux; elle a environ mille verges (1) de large à son embouchure.

La rivière Rouge prend sa source peu loin de la branche principale de la Licking, court au sud-ouest & va se jetter dans la rivière Kentucke; son étendue est d'environ six milles, & sa largeur de six verges, à son embouchure.

---

(1) La verge est une mesure d'Angleterre, qui contient trois pieds de roi.

La rivière Kentucke naît de trois sources dans la partie montueuse du pays. Elle coule d'abord à l'ouest, & parvenue à la moitié de sa course, elle se détourne au nord-ouest. Son cours est fort tortueux. Sa longueur est d'environ deux cent milles, & sa largeur de cent six verges.

L'Elkhorn est une petite rivière qui se jette dans la Kentucke; elle coule au nord-ouest-quart-ouest. Sa longueur est de six milles & sa largeur de six verges à son embouchure.

La rivière Dick se jette dans la Kentucke; elle coule au nord-ouest. Sa longueur est de six milles, & sa largeur de quarante-cinq verges à son embouchure.

La rivière Salée a quatre sources différentes, peu éloignées l'une de l'autre. Les sinuosités de cette rivière sont vraiment curieuses; ses diverses branches arrosent une grande étendue d'excellente terre, & se réunissent six milles avant de se décharger dans l'Ohio, & vingt milles au-dessous des Chûtes. Sa longueur est d'environ quatre-vingt-dix milles, & sa largeur à son embouchure, est de huit verges.

La rivière Verte coule à l'oueſt, & ſon cours eſt d'environ cent ſix milles, & fort tortueux. Sa largeur eſt de huit milles à ſon embouchure, qui eſt deux cent trente milles au-deſſous des Chûtes.

La rivière Cumberland prend ſa ſource peu loin de la branche nord de la rivière Kentucke, roule ſes eaux autour des autres branches de la même rivière, à travers les montagnes, l'eſpace d'environ cent milles au ſud; delà elle ſe détourne au ſud-oueſt où elle court environ cent milles, puis au ſud & au ſud-oueſt deux cent ſix milles, & ſe jette dans l'Ohio, quatre cent treize milles environ au-deſſous des Chûtes. Elle a deux cent verges de large dans toute ſon étendue, & trois cent à ſon embouchure. Elle traverſe la Caroline ſeptentrionale environ dans la moitié de ſon cours.

La grande Kenhawa, ou Nouvelle Rivière, naît dans la Caroline ſeptentrionale, coule au nord & au nord-oueſt environ cent milles, & ſe jette dana l'Ohio cent milles au-deſſus des Chûtes. Sa largeur eſt de cent verges à ſon embouchure. Ces deux rivières ſont, avec raiſon, regardées comme servant de limites aux Etats-Unis. Elles coulent dans un sens contraire, sont extrêmement larges; & il est à remarquer que la Clench, l'Holstein, la Nolachuckey & la French-Broad ont leur source entre ces deux rivières, ou plutôt à l'ouest de la grande Kenhawa, & que leur réunion forme la rivière Tenèse ou la Cherokee, qui coule à l'ouest & se jette dans l'Ohio, douze milles au-dessous de la Cumberland. Elle est très-large & arrose une grande étendue d'excellent terrein.

Ces rivières n'ont point de sauts, & elles sont navigables pour des bateaux presque à leur source, la plus grande partie de l'année. Le pays en général est uni, & l'on y trouve abondamment de la terre à chaux qui est ordinairement à six pieds de profondeur, excepté dans les endroits bas où coulent les rivières, & où l'on trouve un fond de roches.

Les sources & les rivières diminuent en Juin, & restent basses & non navigables, jusqu'en Novembre, où les pluies d'Automne ouvrent bientôt la navigation, & couvrent d'eau tout le pays; mais quoique les rivières diminuent, elles suffisent toujours pour les befoins ordinaires. Il y a plufieurs belles fources qui ne tariffent jamais; chaque Cultivateur en a une bonne au moins, & l'on peut aifément creufer d'excellents puits.

Nature du fol.

Le Pays eft prefqu'uni en quelques parties, & moins dans d'autres; ici l'on trouve des hauteurs, là des eaux en quantité. Les plaines ne font point uniformes, mais coupées de plufieurs petites fources & de douces pentes, ce qui forme le plus beau coup-d'œil. Une grande partie du fol eft extrêmement fertile, une autre l'eft moins; il en eft peu qui ne le foit point du tout. Les habitans diftinguent ces divers terreins par les noms de *terres de la première, feconde & troifième qualité;* & à peine y rencontre-t-on un marais. Vers la fource de la rivière Kentucke, il y a une hauteur ou un côteau à peu près de la grandeur d'une montagne, comme nous l'avons repréfenté fur la Carte.

Tout le terrein au-deffous de la grande Kenhawa jufqu'à la Licking, eft mauvais, montueux, & en général peu fertile, excepté dans quelques vallées & sur les bords du petit & du grand Sandy-Creek, où il y a quelque terrein de la première qualité, mais plus encore de la seconde & de la troisième. On dit que près de cette rivière on voit un roc de sel pur. Sur la branche nord de la Licking on trouve une grande quantité de terrein de la première qualité. Cette branche coule presque parallèlement avec l'Ohio, dans une étendue considérable, & elle est éloignée d'environ sept milles de l'embouchure de Limestone-Creek, où il y a un excellent port pour les bateaux qui descendent l'Ohio. Il est à soixante-cinq milles de Lexington, où conduit une grande route assez belle. La principale branche de la Licking est à vingt-deux milles de Limestone ; dans la partie du terrein qu'elle arrose, on y trouve des terres de la première qualité, mais beaucoup plus de la seconde & de la troisième, & vers sa source quelques hauteurs ; c'est-là qu'on voit les Salines Bleues, deux belles sources salées, où l'on peut faire une grande quantité de sel, & aux environs desquelles le sol est pauvre jusqu'à une certaine distance, étant trop imprégné de ce minéral.

La branche méridionale de la Licking, ainsi que toutes les autres, arrose une grande quantité de terre de la première qualité, peu de la seconde, où il y a beaucoup de canes, & quelques salines & sources salées. Sur ces diverses branches de la Licking, il y a de fort bons emplacemens pour des moulins, & la navigation est facile depuis le point de leur réunion jusqu'à l'Ohio. La terre y est montueuse, & en général pauvre, quoiqu'on trouve d'excellent terrein le long des eaux, & dans les vallées.

Les terres qu'arrose l'Elkhorn sont plus estimées, étant situées dans un vaste coude de la rivière Kentucke, où naît cette petite rivière, ou plutôt ce grand ruisseau. Il y a beaucoup de terrein de la première qualité aux environs de l'Elkhorn, & beaucoup de la seconde & troisième près de la rivière Kentucke. Toute cette étendue de pays est parfaitement bien située, couverte de canes, de seigle & de treffle. Une grande quantité de ruisseaux fournit de bons emplacemens pour des moulins.

Les terres au-deſſous de l'embouchure de l'Elkhorn, ſur Eagle Creek, & vers l'Ohio, ſont montueuſes & pauvres, excepté celles contenues dans le grand coude de l'Ohio, vis-à-vis la grande Miami, qui ſont coupés par Big-bone Creek, & Bank-lick Creek, qui courent dans une direction oppoſée. Il y a dans cette partie beaucoup d'excellentes terres, & quelques hauteurs.

On trouve le long de la rivière Kentucke, & ſur-tout vers ſa ſource, pluſieurs vallées fertiles. La terre eſt également bonne ſur la rivière Rouge; mais à ſa ſource, ainſi qu'à celle de la rivière Kentucke, le ſol eſt inégal : cependant on y voit dans les vallées, & le long des eaux, une grande quantité de riche terrein. En général, le ſol, dans l'eſpace d'un ou deux milles, de la rivière Kentucke, eſt de la troiſième & quatrième qualité : à meſure qu'on s'en éloigne d'un côté ou de l'autre, on rencontre de meilleures terres. Le terrein à travers lequel paſſe cette rivière, doit être conſidéré, pour la plus grande partie, comme de niveau avec ſes bords, ou plutôt ſes précipices, dont la hauteur eſt de trois, &, en quelques lieux, de quatre cent pieds :

le spectateur placé sur leur sommet, croit voir un vaste canal. Nous renvoyons à l'article des curiosités de Kentucke, pour un plus grand détail à ce sujet.

La rivière Dick arrose une grande étendue de terrein de la première qualité, abondant par-tout en canes, & l'on trouve sur ses bords des lieux propres à des moulins. On y en a déjà construit plusieurs, dont quelques-uns sont représentés sur la Carte, & qui ne manquent point d'eau dans les saisons les plus sèches. Les bords de cette rivière, près de son embouchure, sont semblables à ceux de la rivière Kentucke. Sur les diverses branches de la rivière Salée, il y a aussi plusieurs lieux propres à des moulins. Elles se répandent à travers une grande étendue d'excellent terrein; mais le pays, depuis leur réunion en une seule branche, & quelques milles au-dessus vers l'Ohio, espace qui peut être d'environ vingt-cinq milles, est uni & pauvre, & contient une grande quantité d'étangs. A une distance considérable de la source de cette rivière, la terre est de la première qualité, bien exposée, & abondante en canes. C'est sur cette rivière & sur la Dick que les
habitans

habitans sont principalement établis, parce que c'est la partie la plus sûre contre les incursions des Sauvages.

La rivière Verte fournit de très-bons emplacemens pour des moulins ; ses eaux ne tarissent jamais, & le terrein qu'elle parcourt est regardé comme le mieux arrosé de Kentucke. Sur ses bords on trouve des enfoncemens fertiles, quelques terres de la première qualité, mais beaucoup plus de la seconde & de la troisième ; & à quelque distance, des élévations, des hauteurs, & des terres inégales & stériles. Au-dessous d'un ruisseau nommé *Sinking*, qui se jette dans cette rivière, à cinquante milles de l'Ohio, vers la rivière Salée, commence une vaste plaine, appelée *les Déserts de la rivière Verte*, laquelle s'étend jusqu'à l'Ohio. La plus grande partie de cette plaine est une terre fort bonne & unie : il n'y a point de bois, très-peu d'eau, mais beaucoup de pâturages. Dans quelques parties de la rivière Verte il y a une grande quantité de canes, quelques salines, & des sources sulfureuses & bitumineuses. Au sud de la même rivière, dans les terres réservées pour les troupes continentales de l'état de Virginie, on a découvert depuis peu une mine de plomb très-riche. On trouve une mine de fer près de Rough Creeck, qui se jette dans cette rivière. Cette partie de la rivière Cumberland, qui est dans le territoire de Kentucke, arrose un terrein montueux & peu fertile, quoiqu'on trouve sur ses bords quelques endroits où le sol est assez bon. Les autres rivières dont j'ai parlé, savoir la grande Kenhawa, & la Tenese, ne sont point dans le territoire de Kentucke, & n'entrent point par conséquent dans mon plan.

Le lecteur, en jettant les yeux sur la Carte, & en considérant les sources de Licking, celles de la Kentucke, de la Dick, de la rivière Verte, les pays que ces rivières parcourent jusqu'à l'Ohio, peut voir, dans cette grande étendue d'environ cent milles quarrés, le territoire le plus extraordinaire que le soleil éclaire de ses rayons.

Le long des bords de l'Ohio, le grand réservoir de ces nombreuses rivières qui viennent des deux côtés lui apporter leurs eaux, l'on voit plusieurs belles vallées; & on observe qu'à chacune de ces vallées correspond une montagne du côté opposé, les angles saillans & les angles rentrans des montagnes étant alternatifs des deux côtés.

Il ne me reste plus que deux mots à dire sur la nature du sol; savoir, qu'il y a près des Chûtes une grande quantité de terrein de la première qualité, qu'on nomme *Bare-graff*; & il suffira de remarquer que la terre au nord-ouest de l'Ohio, dont j'ai représenté sur la Carte quelques-uns des ruisseaux, est regardée par tous les voyageurs, comme très-fertile, unie, & bien arrosée.

Air & climat.

Cette contrée est plus tempérée & plus saine que les autres parties habitées de l'Amérique. En été on n'y ressent point ces chaleurs brûlantes qu'éprouvent la Virginie & la Caroline, & les diverses rivières qui l'arrosent procurent un air rafraîchissant. Pendant l'hiver, qui dure au plus trois mois, communément deux, & qui est rarement rude, les habitans sont à l'abri du froid dans les maisons les plus mauvaises ; & les bestiaux ont de quoi suppléer au fourrage. L'hiver commence ordinairement à la Noël, & finit le premier de Mars, mais ne s'étend pas au-delà du milieu de ce mois. Rarement la neige tombe en grande quantité, ou dure long-temps. Les vents d'ouest apportent souvent des orages, que les vents d'est dissipent ; mais il n'y a pas de règle fixe pour le temps à cet égard, comme dans les Etats du nord. Les vents d'ouest sont quelquefois nitreux & froids. Comme l'Ohio court dans cette direction (à l'ouest), & qu'il y a plusieurs montagnes dans ce canton, les vents d'ouest en soufflant le long de leur sommet, à travers les régions froides de l'air, & d'une longue étendue d'eau glacée, rassemblent le froid dans leur course, & l'amènent sur le territoire de Kentucke : néanmoins le temps n'y est pas aussi rude par l'effet de ces vents, que dans la Pensylvanie, lorsque ces mêmes vents y soufflent. La température de l'air & les saisons dépendent beaucoup des vents, quant au chaud & au froid, à la sécheresse & à l'humidité.

Sol & productions.

Le sol de Kentucke est un terreau léger, & très-noir, sans mélange de sable, d'environ deux ou trois pieds de profondeur dans les terres de la première qualité, & très-abondant dans toutes ses productions. En quelques endroits le terreau tire sur le brun. Dans d'autres les bois sont de peu de valeur, suite naturelle d'un trop riche sol, & ressemblent à ces forêts depuis peu éclaircies, où l'on ne voit que quelques troncs épars. Ces endroits, au reste, ne sont pas considérables; & le territoire en général peut être regardé comme bien boisé, produisant de grands arbres de plusieurs genres, & ne le cédant à aucun autre par leur variété. Nous allons donner une idée des végétaux particuliers à Kentucke.

La cane à sucre vient par-tout en abondance, & fournit d'excellent sucre à toutes les familles.

Le gleditsia (1) (honey-locust est hérissé de grandes pointes aiguës; il porte de

---

(1) Gleditsiia. *Lin.*

longues & larges gousses en forme de pois, qui ont une saveur douce, & servent à faire de la bière.

Le cafier ressemble beaucoup au chêne noir (black oak) (1); il est touffu, & porte aussi une gousse qui contient le café, dont la qualité est excellente.

Le *pappa-tree* est un arbrisseau qui porte un excellent fruit, très-semblable au concombre, pour la forme & la grosseur, & d'une saveur douce.

Le concombre (2) (cucumber tree) est une plante basse, dont les feuilles sont remarquables : il porte un fruit très-ressemblant au concombre, dont il a pris le nom.

Il y a un grand nombre de mûriers noirs.

Le cerisier sauvage (3) y est très-abondant, d'une hauteur considérable, & fournit aux habitans le bois de charpente pour tous leurs bâtimens.

Il y a aussi du *buce-kye*, petit arbrisseau,

---

(1) Quercus nigra. *Lin.*
(2) Magnolia acuminata. *Lin.*
(3) Prunus Virginiana. *Lin.*

qui porte un fruit noir remarquable, & quelques autres espèces non communes.

On voit une grande quantité d'excellentes canes, au milieu desquelles le bétail paît, & s'engraisse. Cette plante en général parvient à la hauteur de trois à douze pieds : elle est d'une substance dure, avec des nœuds à huit ou dix pouces de distance le long de la tige, d'où s'élèvent des feuilles semblables à celles du saule. Il y a plusieurs bois de cette plante, si épais & si hauts, qu'il est difficile d'y passer à travers.

Dans les endroits où il ne vient point de canes, il y a du seigle, du trefle & de l'herbe à bison (buffalo-grass) qui couvrent une vaste étendue de pays, & procurent un excellent pâturage pour le bétail.

Les champs sont couverts d'un grand nombre de plantes sauvages, qu'on ne voit point ailleurs. On y trouve la salade shawanèse, la laitue sauvage, le poivre en herbe (pepper-grass), & plusieurs autres, non connues des habitans, mais qui sans doute ont de grandes vertus.

On y voit la plus belle couronne impériale (crown-impérial) qu'il y ait dans le monde, la fleur du cardinal, (cardinal flower,) si vantée par sa couleur écarlate. Pendant toute l'année, excepté les trois mois de l'hiver, les plaines & les vallées sont ornées d'une variété de fleurs de la plus grande beauté. On y trouve encore le laurier à tulipe (tulip-bearing laurel-tree) ou magnolia, dont le parfum est délicieux, & qui porte des fleurs & des graines plusieurs mois de suite.

Ce territoire est très-riche dans ses terres hautes, & surpasse les plus excellens terreins bas du continent. Quand il est cultivé, il produit communément cinquante & soixante boisseaux par acre; & j'ai entendu dire par des personnes très-dignes de foi, que, dans une saison, une acre de terre avoit produit plus de cent boisseaux de bon grain. Les terres de la première qualité sont aussi riches en froment; mais elles perdent un peu de leur fertilité après quatre ou cinq ans de culture.

Le colonel Harrod, habitant distingué de Kentucke, & très-digne de foi, a fait depuis peu des essais sur la production des petits grains, & il assure qu'il a eu trente-cinq boisseaux de froment, & cinquante boisseaux de seigle par acre.

D'après une évaluation modérée, je crois qu'en général la terre peut produire environ trente boisseaux de froment & de seigle par acre; & c'est-là l'opinion générale des habitans. On peut supposer que l'orge & l'avoine y croîtroient abondamment, quoiqu'on n'en ait pas fait des épreuves suffisantes. Le sol est très-favorable au lin & au chanvre, à la navette, à la patate & au coton, qui y viennent en abondance; & les terres de seconde, troisième & quatrième qualité, sont tout aussi propres pour le petit grain. Ce que nous venons de dire sur une fertilité aussi étonnante pourra paroître incroyable à quelques personnes; mais c'est la pure vérité. Chaque cultivateur peut avoir un bon jardin ou un pré, sans arrosage ou engrais, dans l'endroit qui lui convient le plus. Le sol, qui n'est pas aride de sa nature, est communément bien arrosé par les eaux du ciel.

On trouve beaucoup de mines de fer & de plomb; mais nous ne savons pas qu'on en ait découvert aucune d'argent ou d'or.

Les rivières de l'ouest abondent en

poissons & en oiseaux. Les poissons que fournissent les eaux de l'Ohio, sont le poisson-bison (buffalo-fish), d'une grandeur assez considérable, & le poisson-chat (cat-fish), qui pèse quelquefois plus de cent livres. On a pris à Kentucke des saumons pesant trente livres. Le mulet, le rochet, (rock), la perche, (perch), *le gar-fish*, l'anguille, y sont en abondance. On dit qu'il n'y a point de truites dans les rivières de l'ouest. Il y a quantité de suceurs (suckers), de poissons-soleil (sun-fish), & autres poissons à crochets (1) (hook-fish); mais il n'y a ni alose, ni hareng. On peut supposer avec un certain degré de certitude, qu'il y a dans ce territoire de grands aquéducs souterrains, garnis de poissons, & d'où sortent en divers lieux de belles sources, qui abondent en diverses espèces de poissons à crochet (hook-fish). Sur ces sources, & spécialement sur l'Ohio, on trouve un nombre surprenant d'oies & de canards.

---

(1) Il paroît que l'Auteur entend par ces mots les crustacées, dont la plupart ont en effet des crochets à l'extrémité de leurs bras, tels que le cancre ou crabe, le homard, &c.

Les oiseaux de terre sont le coq d'inde (turkey), qui est très-commun; le faisan, la perdrix, & le corbeau; la perruche, (perraquet), oiseau qui ressemble beaucoup à un perroquet, (parrot), mais qui est plus petit; la bécasse à bec d'ivoire (the ivory-bill wood-cock), d'une couleur blanchâtre, avec un plumet blanc, & qui vole en poussant des cris très-aigus. On assure que le bec de cet oiseau est de pur ivoire, particularité remarquable dans la race volatile. Le grand chat-huant ressemble à celui des autres climats; mais il en diffère singulièrement par sa voix; car souvent il pousse un cri étrange & surprenant, comme un homme dans le plus grand péril.

Les serpens n'y sont pas nombreux, & ressemblent à ceux des autres parties du continent, excepté trois espèces particulières (1). Les marais y sont rares, &

---

(1) Savoir, *le serpent-taureau*, *le serpent à cornes*, *& le serpent-mockason* : tel est le nom que l'Auteur leur donne : mais il falloit une description pour nous faire connoître ces trois espèces particulières. Observons ici en passant, que l'Auteur ne s'est pas assez étendu sur l'histoire naturelle, & qu'au lieu de décrire, par exemple, un arbre, un quadrupède, un poisson, il se

par conséquent les grenouilles, & autres reptiles, si communs où il y a des eaux stagnantes. Il n'y a d'autres essaims d'abeilles, que ceux introduits par les habitans actuels, encore sont-ils en petit nombre.

Quadrupèdes.

Parmi les animaux naturels à Kentucke on trouve l'urus, ou zorax, décrit par César, que nous nommons bison, (buffalo). Il ressemble beaucoup au bœuf : sa tête est fort grande, ses cornes épaisses, courtes & recourbées, & il est plus gros devant que derrière. Sur ses épaules est une grande masse de chair, couverte d'une touffe fort épaisse, d'une longue laine & de poils frisés, d'un brun foncé. Cet animal ne marche pas comme notre bétail ; mais il saute tout d'un coup sur ses pieds : le devant de sa tête est large, son extérieur grossier, ses jambes courtes ; mais il court fort vîte, & ne se détourne jamais quand

---

contente de citer le nom vulgaire, presque toujours insuffisant pour les faire reconnoître, ce qui nous a mis quelquefois dans la nécessité d'employer le mot Anglois, ne trouvant pas l'équivalent dans notre langue.

il est poursuivi, excepté pour éviter les arbres. Il pèse depuis cinq cens jusqu'à mille livres : sa chair fournit une excellente nourriture, & supplée en plusieurs endroits au bœuf : sa peau forme un fort bon cuir. J'ai entendu un chasseur assurer avoir vu plus de mille bisons en troupe aux Salines Blues, tant ils étoient nombreux avant que les premiers Colons eussent été à la chasse de ces animaux. Il y en reste encore un grand nombre dans les parties éloignées de cet établissement. Ils paissent sur les canes & l'herbage, comme les autres bêtes à cornes, & sont fort paisibles & point méchans.

On trouve plusieurs bêtes fauves, élans & ours, dans le territoire, mais beaucoup plus encore vers les frontières. Il y a aussi des panthères, des chats sauvages, & des loups.

Les rivières abondent en castors, (beavers) loutres, (otters,) *minks*, & rats à musc, (muskrats). Les animaux communs aux autres parties du continent s'y trouvent aussi, tels que le renard, le lapin, l'écureuil, le *racoon*(1), l'hérisson, (groun-dhog), le putois,

---

(1) C'est une espèce de lapin.

(pole-cate), & l'oppofum (1). Plufieurs efpèces d'animaux domeftiques ont été introduits par les nouveaux Colons, tels que le cheval, le bœuf, le mouton, & le cochon, lefquels ont prodigieufement multiplié, ayant la liberté de courir à travers les bois, fans gardien, & n'étant amenés aux habitations que quand on en a befoin.

Habitans.

On tient un regiftre exact de tous les habitans mâles depuis l'âge de feize ans, qui font taxés pour fournir aux dépenfes du Gouvernement, fous le nom de Décimables : d'après ce regiftre, en fuppofant que ceux ainfi enrôlés forment la quatrième partie de tous les habitans, nous pouvons conclure que Kentucke contient à préfent environ trente mille ames ; tant a été rapide la formation de cet établiffement en peu d'années. Le nombre en augmente journellement par l'arrivée de nouveaux Colons, & plufieurs font attendus cette automne ; ce qui donne des efpérances bien fondées que ce territoire

---

(1) Ou opaffum.

fera extrêmement peuplé en fort peu de temps.

Les habitans n'ont pas à préfent de très-belles maifons, comme c'eft l'ordinaire dans un pays nouvellement habité. En général ils font polis, humains, hofpitaliers, & fort complaifans. Venant de diverfes parties du continent, ils ont une diverfité de mœurs, de coutumes & de religions, qui pourront un jour devenir uniformes. Néanmoins comme unis à l'Etat de Virginie, ils font gouvernés par fes fages loix, qui y font obfervées avec beaucoup d'exactitude & de dignité. Il y a des écoles pour l'éducation des enfans, & un collège établi par un acte de l'Affemblée de Virginie, fous la direction de commiffaires ou curateurs, avec des terres pour fournir à fon entretien. Le miniftre Jean Iodd de Virginie a fait préfent à ce collège d'une belle bibliothèque.

Les Anabaptiftes les premiers ont établi un culte public à Kentucke, & les Presbytériens ont formé trois grandes congrégations près le fort d'Harrod, & ont engagé le miniftre David Rice, de Virginie, à être leur Pafteur. A Lexington, qui eft à trente-cinq milles du fort d'Harrod, ils ont formé une autre grande congrégation, & invité le ministre Rankin de Virginie, à venir exercer parmi eux la même fonction. Il n'y a point d'autre société religieuse, quoique diverses sectes aient de nombreux partisans. Mais de ces premiers mouvemens, on peut espérer que Kentucke un jour brillera éminemment en science & en piété, & c'est-là l'objet des vœux de tous les citoyens vertueux.

Curiosités.

Parmi les curiosités naturelles de ce territoire, les bords tortueux, ou plutôt, les précipices de Kentucke, & de la rivière Dick, méritent le premier rang. Les yeux étonnés y voient presque par-tout trois ou quatre cent pieds d'une roche calcaire, coupée à pic; dans quelques endroits, un beau marbre blanc, curieusement façonné en arches, ou en colonnes, ou entassé sur une belle pierre à bâtir. Ces précipices, comme je l'ai déjà observé, ressemblent aux côtés d'une tranchée profonde, ou d'un canal; la terre au-dessus étant unie, excepté aux endroits où les ruisseaux se

jettent,

jettent, & couronnée de bosquets de cèdres rouges. On ne peut traverser cette rivière que dans certains lieux, l'un desquels est digne d'admiration : c'est un grand chemin pratiqué par les bisons, & assez large pour des charriots, d'une pente douce, depuis le sommet jusqu'au bas d'une éminence très-grande & escarpée, fort près de la rivière, au-dessus de Lees-Town.

On y trouve des grotes prodigieusement grandes, dans quelques-unes desquelles on peut avancer plusieurs milles sous une belle roche calcaire, soûtenue par des arches & des piliers très-curieux. Presque toutes ces grotes ont quelque source d'eau.

Peu loin de la source de la rivière Salée, on a depuis peu découvert un grand lac souterrain. Le Colonel Bowman dit qu'accompagné d'un curieux, il en a parcouru un semblable pendant quatre heures, & qu'il en a fait le tour. Le même Colonel parle d'un autre lac qui ressemble à une fournaise, & contient beaucoup de soufre. Un voyageur pourroit prendre dans quelqu'un de ces souterrains une idée de l'antique Cahos.

C

Il paroît qu'il y a une grande quantité de soufre & de sel dans ce pays. On voit à Boonsburrow une source qui jette constamment des particules sulfureuses; & près du même lieu est une source salée. Il y a une autre source sulfureuse sur Four Mile Creek, une troisième sur la rivière Verte, & d'autres ailleurs, lesquelles fournissent abondamment cet utile minéral.

Il y a trois sources ou étangs de bitume près de la rivière Verte, lesquels ne forment point de courant, mais se jettent dans un réservoir commun : quand on se sert de ce bitume dans les lampes, il fait le même effet que la meilleure huile.

Plusieurs lieux fournissent du vitriol, qu'on peut se procurer facilement, & qui dans son état naturel suffit pour l'usage des habitans; quand il est épuré, il égale le plus beau qu'on puisse trouver dans le monde.

Il y a un banc d'alun au sud de la rivière Cumberland, situé au bas d'un rocher projetté sur cette rivière. Dans son état actuel il a l'apparence & possède les vertus de ce minéral, & quand il est purifié, c'est un alun parfait.

Il y a plusieurs sources salées, dont la situation est marquée sur la Carte, qui jettent continuellement une eau, dont on fait une grande quantité de beau sel. Jusqu'à présent il n'y en a qu'une qui soit fréquentée : on la nomme Saline de Bullet : elle fournit assez de sel pour tout Kentucke, & même pour en exporter une partie aux Illinois. Le sel se vend à présent douze shelings le boisseau : mais comme on a commencé à exploiter quelques autres salines, il n'est pas douteux que cet article de nécessité ne soit bientôt à meilleur marché. Les salines de Drenne, de Bigbone, & les salines Bleues fournissent des ruisseaux d'eau salée. La saline Nob, & plusieurs autres ne fournissent point d'eau, & ne sont autre chose que de la terre glaise, mêlée avec des particules salines. Le bétail vient brouter sur ces salines, & réduit les hauteurs en vallées. D'innombrables troupeaux de bisons qui s'y rassemblent, remplissent le voyageur d'étonnement & de crainte, sur-tout quand il voit les chemins immenses qu'ils ont tracés de tout côté, chemins qu'on croiroit devoir conduire à de grandes villes. Le terrein qui est autour de ces salines est tout dévasté, comme s'il avoit été ravagé par l'ennemi, & les hauteurs, dont il est rempli, sont enfin applanies par les dégâts continuels de ces énormes troupeaux. Ce sont-là de vraies curiosités, que les yeux ne peuvent se rassasier de contempler.

On trouve peu loin de la saline de Bigbone une source d'eau minérale, qui guérit parfaitement la gale par un seul bain : l'expérience pourra dans la suite y découvrir d'autres vertus. Il y en a une autre de même nature près de la saline de Drennen.

On voit près de Lexington des tombeaux très-curieux, pleins de squelettes humains. Voici de quelle manière ils sont disposés. Un plan de pierres longues & larges sert de base à l'édifice : sur ce premier plan horisontal sont placés les corps, séparés l'un de l'autre par un rang de pierres perpendiculaire, & recouverts par un autre plan horisontal, qui sert de base pour un nouveau rang de corps. Telle est la construction de ces tombeaux, où il n'entre point de mortier, & qui deviennent toujours plus étroits jusqu'à la hauteur d'un homme. Cette méthode d'enterrer les morts paroît totalement différente de celle pratiquée aujourd'hui par les Sauvages. Quant à nos conjectures fur ce fujet, nous renvoyons le Lecteur à l'endroit où nous parlerons des Indiens.

On trouve fur une fource falée, près de l'Ohio, de grands os, excédant de beaucoup la grandeur de toutes les efpèces d'animaux actuellement exiftant en Amérique. Les têtes paroiffent avoir eu environ trois pieds de long, les côtes fept, & les os de la cuiffe environ quatre : l'un de ces os eft dépofé dans la bibliothèque de Philadelphie, & pèfe, dit-on, foixante & dix-huit livres. Les défenfes ont plus de trois pieds de long, les dents environ cinq pouces de large, & huit de long. Ces os ont également excité l'admiration de l'ignorant, & fixé l'attention du philofophe. On en a envoyé des échantillons en France & en Angleterre, où on les a examinés avec le plus grand foin, & décidé, par la comparaifon qu'on en a faite, qu'ils appartiennent à la même efpèce d'animaux qui a produit ces autres os foffiles qu'on a découverts dans la Tartarie, le Chili, & autres lieux, foit de l'ancien, soit du nouveau Monde. Mais quel est cet animal ; pourquoi trouve-t-on ses restes dans des régions si éloignées l'une de l'autre, & en existe-t-il l'analogue à présent ? Ce sont-là des questions dont la solution est de la plus grande difficulté. L'ignorant & superstitieux Tartare les attribue à un monstre qu'ils nomment *Maimon*, qui, disent-ils, habite ordinairement au fond des rivières, & sur lequel ils rapportent mille histoires merveilleuses. Mais comme c'est-là une assertion totalement dénuée de preuves, & même de probabilité, elle a été avec raison rejettée par les savans. D'un autre côté, il est certain que de tels quadrupèdes amphibies n'existent pas dans notre Amérique. Ces os ressemblent beaucoup à ceux de l'éléphant. Il n'y a point d'autre animal terrestre maintenant connu assez grand pour les fournir. Les défenses dont ils sont également pourvus, donnent également de véritable ivoire, comme celles de l'éléphant. Ces ressemblances extérieures ont généralement fait conclure aux observateurs superficiels, qu'ils ne peuvent appartenir qu'à ce roi des quadrupèdes ; & quand ils attirèrent l'attention des philosophes, ceux-ci parurent souscrire à cette opinion. Mais si la chose étoit ainsi, d'où vient que l'espèce entière a disparu de l'Amérique ? L'industrie des Péruviens n'auroit-elle pas civilisé l'éléphant, animal si laborieux & si docile, s'il s'en fût trouvé dans leur pays, eux qui réduisirent en servitude & soumirent à une éducation des espèces très-inférieures, telles que le Lama & le Paca ? D'où vient que l'on trouve ces os dans des climats où l'éléphant, naturel à la zone torride, ne peut même subsister dans son état sauvage, & où il ne propagera jamais dans un état de servitude ? Ces difficultés sont assez fortes pour ébranler la crédulité même, & à la fin ont excité le docteur Hunter à faire de nouvelles recherches. Ce célèbre anatomiste s'étant procuré des échantillons trouvés près de l'Ohio, les examina avec cette attention scrupuleuse qui le caractérise. Il découvrit une différence considérable entre la forme & la structure de ces os, & ceux de l'éléphant. Considérant la forme des dents, il observa qu'elles doivent avoir appartenu à un animal carnivore. Or la constitution de l'éléphant est étrangère à une telle nourriture, & ſes machoires ſont totalement dépourvues de dents pour cet uſage. Il conclut de tout cela, à la ſatisfaction des naturaliſtes, que ces os appartiennent à un quadrupède inconnu, & dont l'eſpèce eſt probablement éteinte, à moins qu'on ne puiſſe la trouver dans le vaſte continent de la nouvelle Hollande, dont l'intérieur n'a point encore été viſité par la curioſité ou l'avidité des hommes civiliſés. Mais quoi! un auſſi grand chaînon de la chaîne qui unit tous les êtres de la nature, a donc pu diſparoître de la ſurface du globe? Heureux l'homme qui tient encore à cette chaîne! Quel ennemi formidable à l'eſpèce humaine devoit être un animal auſſi grand que l'éléphant, & qui étoit certainement le tyran des forêts, & dévoroit peut-être l'homme même! Les Nations de cette partie du nouveau Monde qui nourriſſoit ces monſtres, ont dû être dans des alarmes perpétuelles. Sans doute les diverſes Tribus, ſuſpendant leurs animoſités, auront réuni leurs forces, juſqu'à ce qu'elles ſoient parvenues à exterminer entièrement cet ennemi commun qui menaçoit leur vie. Nous devons probablement à cette réunion de forces, un fait, qui eſt peut-être unique dans ſon eſpèce, l'extinction totale d'une race d'animaux dans le ſyſtême de la nature.

Droits de terre.

Les propriétaires des terres de Kentucke obtiennent leurs patentes de Virginie, & leurs droits ſont de trois eſpèces : ils viennent ou du ſervice militaire, ou d'établiſſement & de préemption, ou des lettres du tréſor. Les droits militaires appartiennent aux officiers, ou à leurs repréſentans, comme une récompenſe de leurs ſervices rendus dans l'une des deux dernieres guerres. Les droits d'établiſſement & de préemption viennent d'occupation. Tout homme qui, avant Mars 1780, avoit demeuré un an dans le pays, ou fait une récolte de blé, étoit regardé comme ayant un établiſſement de quatre cent acres, & une préemption attenante de mille acres. Tout homme qui avoit ſeulement bâti une cabane, ou fait quelque amélioration, ſoit par lui-même, ſoit par d'autres, étoit revêtu des titres de préemption de mille acres, à l'endroit où cette amélioration avoit été faite.

En Mars 1780, les droits d'établiſſement & de préemption ceſsèrent, & ceux des lettres du tréſor furent établies, leſquels autoriſent le poſſeſſeur à prendre à titre de ferme une quantité de terre déterminée, en quelque lieu de la Virginie qu'il en trouve de vacante.

La manière de procéder dans ce cas pouvant être utile au lecteur, nous l'expoſerons ici. L'acquéreur va au bureau des terres, (il y en a un dans chaque Comté) prend une copie de l'acte d'acquiſition, & arpente ſon terrein. L'acte & le certificat de cet arpentage doit être dépoſé au bureau, où trois mois après il eſt enregiſtré : il prend copie de l'enregiſtrement deux mois après, & la dépoſe entre les mains du greffier du bureau des terres de Kentucke, où elle reſte ſix mois, afin que les premiers fermiers puiſſent avoir le temps & la facilité de mettre empêchement, & prouver leurs droits, s'ils en ont de légitimes. S'il n'y a nul empêchement durant cet intervale, l'acte & le certificat ſont envoyés au bureau des terres à Richemond, dans la Virginie, & on accorde trois mois au propriétaire pour retirer ſes patentes.

La validité du droit de la Virginie fur ce grand territoire occidental a été difputée par quelques-uns, mais fans raifons. Les limites occidentales de cet Etat, d'après la charte, modifiée par le traité de Paris de 1763, font fixées à l'Ohio. C'eft la Virginie qui a acheté le fol des Naturels, & y a établi des loix fages pour la conduite & le gouvernement des habitans; d'où il faut conclure que le droit de la Virginie fur Kentucke eft auffi permanent que l'indépendance de l'Amérique.

Commerce de Kentucke.

Une fituation favorable pour le commerce eft le grand point, d'où dépendent principalement la population, les richeffes & le bonheur d'un État. Je fuis perfuadé que plufieurs regarderont la fituation de Kentucke comme peu propre au commerce. J'avoue même que la première fois que je vifitai ce pays, j'étois dans l'opinion des gens mal informés, qui penfent qu'il n'y a pas de meilleure voie pour le tranfport des marchandifes à Kentuche, que celle de Philadelphie ou de Baltimore à

Pittsburg (1), & delà par l'Ohio en suivant son cours; & qu'à raison des difficultés & des dépenses inévitables de cette route, les denrées seroient toujours cheres. Depuis j'ai rejeté cette opinion, comme l'effet de l'ignorance du commerce par le Mississipi, à partir de la Nouvelle-Orléans, ou de Mantchac, près de la rivière ou ruisseau d'Iberville.

Ceux qui connoissent l'Amérique, savent que le Mississipi & l'Ohio sont les clefs des parties septentrionales de ce nouveau Continent. Ce sont les deux principaux canaux par lesquels cette vaste région, arrosée de leurs eaux, & enrichie par les différentes branches qu'ils reçoivent, communique avec la mer, & ils peuvent véritablement être considérés comme le grand passage fait par la main de la Nature, pour une infinité d'objets utiles & propres sur-tout à contribuer au bonheur & aux commodités du genre humain, parmi lesquels assurément, le transport des productions de cette

---

(1) De Philadelphie a Pittsburg la distance par terre est de 320 milles, & de Baltimore au même lieu, de 280 milles.

immense & fertile contrée, située à l'ouest des États-Unis, n'est pas le moindre. Pour donner une juste idée de l'heureuse situation de cet important territoire pour le commerce, nous allons mettre sous les yeux du Lecteur, une description succincte de ces rivières, & de quelques autres qu'elles reçoivent.

L'Ohio commence à Pittsburg, 320 milles à l'ouest de Philadelphie : cette rivière est formée par la réunion de l'Alleghany & la Monangahela ; & après avoir roulé ses eaux dans la direction du sud, 60 dégrés ouest, elle se jette dans le Mississipi, 1074 milles au-dessous de Pittsburg, à cause des divers détours qu'elle fait. Le seul endroit où la navigation est empêchée sur cette rivière, c'est aux Chûtes, ainsi qu'on l'a expliqué plus haut : mais on les passe sans danger quand les eaux sont hautes.

Les rivières les plus remarquables qui se jettent dans la Monangahela qui sert à former l'Ohio, sont Red-Stone Creek, la rivière Cheat, & Yochiaghany : elles sont toutes navigables à une distance considérable au-dessus de Pittsburg, depuis Novembre jusqu'en Juin, & l'Ohio un mois de plus :

mais depuis la grande Kenhava, 196 milles & demi au-deſſous de Pittsburg, cette rivière eſt navigable preſque toute l'année. On amène par l'Ohio une grande quantité de denrées, dont quelques-unes font tranſportées ſur les rivières de Kentucke, d'autres ſur des chevaux, ou des charriots, dans les diverſes habitations, & vendues à cent pour cent de bénéfice.

On fait ſur l'Ohio environ deux milles par heure en automne, & quand les eaux font hautes environ cinq milles. Les rivières de Kentucke ont la même vîteſſe dans leurs cours; mais elles n'ont point de ſauts, & elles font d'un immenſe produit au territoire, à cauſe de l'abondance de poiſſons & d'oiſeaux qu'elles fourniſſent, & de la facilité qu'elles procurent pour tranſporter les productions du pays à très-bon marché. Ces rivières groſſiſſent l'Ohio, plus en profondeur qu'en largeur. Celle-ci n'a qu'un mille & demi de large à ſon embouchure, & roulant ſes eaux dans la direction du ſud-oueſt, elle entre fort paiſiblement & par le plus beau canal dans le Miſſiſſipi. Ce grand fleuve à ſa jonction avec l'Ohio, coule au ſud-eſt, enſuite au fud-oueſt, après avoir reçu un peu au-deſſus la grande rivière de Miſſouri (1), qui coule à travers la Louiſiane dans la direction de l'oueſt, & communique enſuite au Miſſiſſipi (2) ſes eaux troubles & ſa rapidité. De l'embouchure de l'Ohio à la Nouvelle-Orléans, diſtance qui n'excède pas 460 milles en ligne directe, il y a environ 856 milles par eau. La profondeur du Miſſiſſipi eſt en général de huit à dix braſſes juſques près de ſon embouchure, où il ſe jette par divers canaux dans le golfe du Mexique. C'eſt-là que la navigation eſt dangereuſe, à cauſe de pluſieurs îles, bancs de ſable, & troncs d'arbres, dont eſt parſemée cette embouchure, large d'environ vingt milles. Ces obſtacles peuvent être levés à peu près par le même moyen dont le lit du fleuve a été détourné. Le conflit entre la mer & ce grand fleuve, qui entraîne avec ſes eaux une grande quantité d'arbres, de vaſe, de feuilles, &c. précipite

---

(1) On donne au Miſſouri environ 3000 milles de long.

(2) Le cours du Miſſiſſipi eſt, dit-on, d'environ 2500 milles.

ces différentes matières, qui forment des bas-fonds. Un de ces arbres, arrêté par ses branches, ou par ses racines, bientôt en arrête mille autres, qui se fixent de telle sorte, qu'aucune force humaine ne seroit capable de les détacher. Lorsque les arbres sont ainsi consolidés, chaque innondation ajoute de nouveaux matériaux à ces premiers fondemens, & forme des îles, qui avec le temps se couvrent d'arbrisseaux, de verdure & de canes, & forcent le fleuve à détourner son lit. C'est de cette manière que nous supposons qu'ont été formés plusieurs des terreins des deux côtés du Mississipi, au-dessous d'Iberville, par la réunion de plusieurs îles, qui, dans la suite des temps, ont fort empiété sur la mer, & formé une vaste étendue de pays. Si l'on faisoit entrer dans les passes ou chenaux quelques-uns des arbres flottans à l'embouchure, plusieurs autres s'y joindroient, & les eaux du fleuve arrêtées par cette espèce de barrière, & faisant effort pour la surmonter, se creuseroient d'elles-mêmes un canal assez grand pour rendre la navigation sûre & facile.

Environ 99 milles au-dessus d'Orléans est un Fort appellé maintenant *Mantchac* par
les

les Espagnols, autrefois le fort Bute, par les Anglois qui l'ont bâti. Tout auprès est un grand ruisseau, formé par le Mississipi, à l'est de ce fleuve ; on le nomme Iberville ; quelques-uns lui ont donné le nom de rivière, quand le Mississipi est haut. Il est navigable tout au plus quatre mois de l'année, dans une étendue de treize milles : trois milles plus loin, il n'a que deux à six pieds de large en automne, & deux à quatre brasses dans tout le reste, jusqu'au lac Maurepas : il reçoit la rivière Amit, qui porte bateaux jusqu'à une certaine hauteur.

Le lac Maurepas a environ dix milles de long, & sept de large : il y a un canal de communication, de sept milles, entre ce lac & le lac Pontchartrain.

Ce dernier lac a environ quarante milles de long, vingt-quatre de large, & dix-huit pieds de profondeur. De ce lac à la mer, le canal a dix milles de long, & trois cent verges de large. Les eaux sont assez profondes dans ces deux lacs, & dans leurs canaux de communication, pour admettre de grands bâtimens. Ce lieu, si l'on y fait attention, peut être de la plus grande importance pour toute la partie

D

de l'oueft, & pour le commerce de la Floride occidentale. Car on peut fuppofer avec raifon, que les habitans & les commerçans de nos contrées occidentales aimeroient mieux commercer là, qu'à la Nouvelle-Orléans, s'ils pouvoient y trouver de bons retours pour leurs pelleteries & le produit de leur fol, comme ils y trouvent une différence confidérable dans leur voyage, moins de difficultés, de dépenfes & de temps. L'expérience produira fans doute des améliorations confidérables dans cette partie, & rendra la navigation du Miffiffipi, foit par ces lacs, foit par la Nouvelle-Orléans, prefqu'auffi peu coûteufe que toute autre : elle prouve déjà démonftrativement que ce fleuve peut répondre aux plus beaux projets de commerce.

J'ai lieu de croire que le temps n'eft pas loin où la Nouvelle-Orléans fera une grande cité commerçante, & que peut-être on bâtira près de Mantchac, fur Iberville, une autre ville, qui pourra dans la fuite l'égaler.

Un nombre prodigieux d'îles, dont quelques-unes d'une grande étendue, font parfemées dans cet immenfe fleuve ; & la difficulté qu'on éprouve en la remontant dans le printemps, quand les eaux font hautes, eft compenfée par les reflux ou courans contraires, qui, vers les bords, courent fortement, & avec une vélocité prefque égale contre le cours de l'eau, & aident beaucoup les bateaux à remonter. Le fleuve eft rapide dans les parties où il y a des obftacles & des îles, des bas-fonds, & des bancs de fable ; mais cette rapidité ne fera pas un inconvénient pour les bateaux méchaniques (1) nouvellement inventés, leur propriété étant d'avancer beaucoup mieux dans des courants très-rapides.

---

(1) Le plan de ces bateaux eft maintenant propofé dans la Virginie, & recommandé au Gouvernement par deux perfonnes d'une habileté reconnue, M. Charles Rumfey, & le docteur Jacques Macken. Leur projet eft « de conftruire une efpèce de bateau, de la charge de dix tonneaux, qui pourra aller, ou être pouffé par des forces méchaniques adaptées à ce bateau, contre le fil de l'eau d'une rivière, depuis vingt-cinq jufqu'à quarante milles par jour, quand même la rapidité de l'eau feroit d'environ dix milles par heure, & qui n'aura befoin que de trois hommes pour le faire manœuvrer. »

De la Nouvelle-Orléans aux Chûtes de l'Ohio, des bateaux portant quarante tonneaux, ont été tirés à la rame par dix-huit ou vingt hommes, en huit ou dix semaines, & les frais n'ont point passé cinq cent livres sterlings, tandis qu'il en coûte deux fois autant par la voie de Philadelphie. Il est très-probable qu'un jour la distance sera fort abrégée, par le moyen de canaux qu'on pourroit creuser dans les endroits où le fleuve forme des coudes.

Charlevoix (1) rapporte qu'à la Pointe coupée, le fleuve faisoit autrefois un grand détour, & que quelques Canadiens ayant creusé le lit d'un petit ruisseau, y firent entrer les eaux du fleuve, dont l'impétuosité étoit si grande, & le sol d'une qualité si riche & si légère, qu'en fort peu de temps la pointe fut entièrement coupée, & l'ancien lit laissé à sec, excepté dans les inondations; ce qui épargne aux voyageurs quatorze lieues de chemin. Le nouveau canal a été sondé, & on a filé trente brasses sans trouver le fond. Quand la distance sera abrégée,

---

(1) *Histoire de la Nouvelle-France. Paris, tome 6, page 199.*

ce qui, je pense, peut facilement se faire, & le bateau méchanique porté à sa perfection, la dépense d'un voyage de la Nouvelle-Orléans aux Chûtes de l'Ohio ne sera pas considérable. Maintenant nous savons par expérience, que quarante tonneaux de marchandises ne peuvent coûter moins de 1600 livres sterlings de Philadelphie aux Chûtes de l'Ohio; mais par le moyen de travaux utiles sur le Mississipi, par l'avantage que doivent procurer ces bateaux, les marchandises pourront être transportées de la Nouvelle-Orléans aux Chûtes, pour la dixième partie seulement de cette somme; & si le gain est de cent pour cent, à présent que le transport de Philadelphie aux Chûtes se fait à si grands frais, que ne fera pas le marchand pour donner à vendre ses marchandises à celui qui les portera à beaucoup meilleur marché? A quoi on peut ajouter qu'outre les grands avantages résultant de l'exportation des pelleteries, & des productions du Pays, qui ne peuvent jamais être transportées dans les ports de l'est avec profit, il faut nécessairement que les marchés reçoivent les marchandises qu'apportent les commerçans, en paiement de celles qu'ils leur fourniſſent, parce que ceux-ci ne peuvent donner autre choſe.

En fixant le commerce de Kentucke dans ſes propres bornes, nous trouverons que le pays peut être fourni de denrées, au même prix que s'il n'étoit éloigné de Philadelphie que de quarante milles.

Mais peut-être objectera-t-on que la Nouvelle-Orléans étant en la poſſeſſion des Eſpagnols, ceux-ci, quand il leur plaira, pourront faire uſage de ce Fort, & de quelques autres qu'ils ont ſur le Miſſiſſipi, pour empêcher la navigation, & ruiner le commerce; que le paſſage par l'Iberville eſt auſſi ſoumis aux Eſpagnols, & de plus incommode, parce que ce ruiſſeau n'eſt un peu conſidérable que pendant fort peu de temps, & dans la ſaiſon la plus avantageuſe.

J'avoue qu'il ſeroit abſurde d'attendre une libre navigation ſur le Miſſiſſipi, tant que les Eſpagnols ſeront en poſſeſſion de la Nouvelle-Orléans. Une pareille ſuppoſition n'eſt faite que pour en impoſer aux ignorans. Les Eſpagnols pourront peut-être commercer avec nous ſur leurs frontières, tant qu'ils croiront y trouver leur intérêt; mais l'amitié dans le commerce n'exiſte plus, dès que l'intérêt cesse. Ainsi, puisque les parties occidentales des Etats-Unis se peuplent de plus en plus, & que leur commerce augmente, la saine politique nous dit que les Florides doivent aussi être à nous. Selon les articles du traité définitif (1), nous devons avoir une navigation libre & tranquille sur le Mississipi. Mais l'expérience apprend aux hommes qu'il ne faut pas toujours compter sur les traités, puisqu'on enfreint souvent les plus solemnels. Delà nous apprenons qu'on ne peut guère mettre sa confiance sur un Etat, & que le commerce du Mississipi ne peut être aussi assuré dans toute autre possession, que dans les nôtres.

Quoique la navigation par l'Iberville soit peu considérable & incommode, cependant si l'on y bâtissoit une ville, elle deviendroit le centre du commerce des parties de l'ouest, & un transport par terre, de dix à douze milles,

―――――――――――――――――

(1) Par l'article 8 du dernier traité définitif, il est dit que « la navigation du Mississipi, depuis sa source jusqu'à l'océan, restera pour toujours libre & ouverte pour les sujets de la Grande-Bretagne & les citoyens des Etats-Unis.

ne seroit pas regardé comme un grand désavantage pour le commerçant. Non, je ne doute pas qu'un jour il ne se forme un canal à travers le ruisseau d'Iberville, qui pourra détourner dans son lit les eaux du Mississipi, & rendre ce lieu de la plus grande importance pour l'Amérique. Mais cette époque intéressante est réservée à la postérité.

AVENTURES
DU COLONEL DANIEL BOON,
CONTENANT
LA RELATION DES GUERRES
DE KENTCUKE.

LA curiosité est naturelle à l'esprit de l'homme, & les objets intéressans ont une puissante influence sur nos affections. Que cette influence agisse, par la permission ou par l'ordre de la Providence, par des vues personnelles ou sociales, la volonté mystérieuse du Ciel se manifeste toujours dans son temps, & nous pouvons remarquer que nos actions, quel que soit le motif qui les excite, tendent toujours à répondre aux desseins importans du Ciel. Ainsi nous voyons que le territoire de Kentucke, qui depuis peu n'étoit qu'un désert affreux, & l'habitation des bêtes sauvages, est changé en un champ fertile. Cette contrée, si favorisée de la nature, est devenue le séjour de la civilifation, à une époque unique dans l'hiftoire, au milieu des ravages de la guerre, & de tous les défavantages de l'émigration, dans un Pays fi éloigné des parties habitées du Continent. Dans ces lieux où la main de la violence a répandu le fang de l'innocent ; où les horribles cris des Sauvages, & les gémiffemens des malheureux venoient frapper nos oreilles, nous n'entendons plus maintenant que les louanges & les adorations du Tout-Puiffant. Là où l'on ne trouvoit que de pauvres wigwams (miférables cabanes des Sauvages), nous voyons s'élever les fondemens de Cités, qui un jour atteindront fans doute à la gloire des plus grandes villes du monde. Enfin, nous voyons Kentucke, ce beau Pays, fitué fur les fertiles bords de l'Ohio, s'élever avec fplendeur de fon obfcurité, égaler toutes les autres Provinces de l'hémifphère Américain.

Cet établiffement mérite bien une place dans l'hiftoire. J'ai eu part moi-même à plufieurs événemens mémorables qui s'y font paffés ; & pour la fatisfaction du Public, je vais faire en peu de mots le récit de mes aventures, & rapporter les diverfes circonstances où je me suis trouvé, depuis mon départ pour ce Pays, jusqu'à ce jour.

Ce fut le premier de Mai 1769, que je renonçai pour un temps au bonheur domestique, & que je quittai ma famille & ma paisible habitation sur la rivière Yadkin, dans la Caroline septentrionale, pour errer à travers les déserts de l'Amérique, à la recherche de ce territoire de Kentucke, accompagné de John Finley, de John Stewart, de Joseph Holden, de Jacques Monay, & de Guillaume Cool. Nous avancions joyeusement; & après une marche longue & fatigante à travers les déserts & les montagnes, vers la partie de l'ouest, nous nous trouvâmes, le 7 de Juin suivant, sur la rivière Rouge, où John Finley avoit été autrefois commercer avec les Sauvages, & du sommet d'une éminence, nous vîmes avec plaisir les belles plaines de Kentucke. Qu'on me permette ici d'observer que pendant quelques jours nous avions essuyé le plus mauvais temps, comme un prélude des malheurs que nous allions éprouver. Nous nous établîmes dans ce lieu; nous fîmes une espèce de hutte, pour nous mettre à l'abri des injures de l'air, & nous commençâmes à parcourir & à reconnoître le pays. Nous trouvâmes par-tout une grande quantité d'animaux sauvages de toute espèce, errans dans ces vastes forêts. Les bisons y étoient plus nombreux que le bétail dans les parties habitées : nous les trouvions mangeant les feuilles des canes, ou broutant l'herbe sur ces vastes plaines, & ne montrant pas la moindre crainte, parce qu'ils n'avoient point encore éprouvé la violence de l'homme. Nous en voyions quelquefois des centaines en troupe, & bien plus encore vers les Sources Salées. Dans ces forêts, la demeure des bêtes de toute espèce naturelles à l'Amérique, nous chassâmes avec grand succès jusqu'au 22 de Décembre suivant.

Ce jour-là John Stewart & moi nous fîmes une course fort agréable ; mais la fortune changea la scène sur le soir. Nous avions passé à travers une grande forêt, dans laquelle étoient des milliers d'arbres, les uns ornés de fleurs, les autres enrichis de fruits. La Nature prodiguoit dans ce lieu une suite de merveilles & de délices : elle y déployoit ses trésors & son industrie dans une variété de fleurs & de fruits, superbement colorés, d'une forme élégante, & d'un parfum délicieux : nous étions encore réjouis par l'aspect d'une infinité d'animaux qui se présentoient continuellement à notre vue. Sur le déclin du jour, près de la rivière Kentucke, comme nous remontions vers le sommet d'une petite élévation, un parti d'Indiens, sorti tout à coup de l'épaisseur d'un bois de canes, tomba sur nous, & nous fit prisonniers. Le temps de notre détresse étoit arrivé, & la scène des douleurs s'ouvrit devant nous. Les Sauvages nous dépouillèrent de tout ce que nous avions, & nous gardèrent à vue pendant sept jours, nous traitant à leur manière. Pendant tout ce temps nous ne trouvâmes ni ne cherchâmes l'occasion de nous échaper, ce qui les rendit moins soupçonneux à notre égard : mais vers la fin de la nuit du septième jour, comme nous étions dans un bois épais de canes, auprès d'un grand feu, quand le sommeil eut saisi les sens des Sauvages, ma situation ne me permettant pas de dormir, je touchai mon compagnon, & l'éveillai subtilement. Nous trouvâmes l'occasion favorable ; nous partîmes, les laissant dormir tout leur saoul,

& nous dirigeâmes promptement notre route vers notre hutte; mais elle avoit été pillée, & nous ne retrouvâmes plus nos compagnons, qui s'étoient retirés chacun chez soi. Pendant ce temps-là, mon frère Boon, l'écuyer, avec un autre voyageur qui étoit venu quelque temps après nous pour reconnoître le pays, erroit dans les forêts, dans l'intention de me trouver, s'il étoit possible; & par hasard il nous rencontra. Malgré la perte de nos compagnons; malgré la triste & dangereuse situation où nous nous trouvions, étant entourés d'ennemis sauvages, cette rencontre si heureuse dans les déserts nous fit éprouver réciproquement la plus vive satisfaction; car l'amitié surmonte tellement le malheur, que les chagrins & les douleurs s'évanouissent, non-seulement à la rencontre d'un tendre ami, mais même à celle de quelqu'un qu'on a vu à peine une fois, & font place à la joie & au bonheur.

Peu après l'arrivée de mon frère, mon compagnon de captivité, John Stewart fut tué par les Sauvages, & le voyageur qui étoit venu avec mon frère retourna chez lui. Nous nous trouvâmes alors dans une situation fâcheuse & désespérée, exposés journellement aux périls & à la mort parmi les Sauvages & les bêtes féroces, & nous voyant les seuls hommes blancs dans le pays.

Dans cet état, ensevelis dans des déserts effrayans, à plusieurs centaines de milles de nos familles, je crois que peu de personnes auroient goûté le bonheur dont nous jouîmes alors. Vous voyez maintenant, disois-je souvent à mon frère, combien peu la Nature demande pour être satisfaite. Le bonheur, compagnon de la joie, se trouve bien mieux dans notre propre cœur, que dans la jouissance des choses extérieures ; & je crois fermement qu'il ne faut qu'un peu de philosophie pour rendre un homme heureux dans quelqu'état qu'il se trouve. Elle consiste en une entière résignation à la volonté de la Providence. Un esprit résigné trouve du plaisir dans un sentier couvert de ronces & d'épines.

Mais nous ne demeurâmes pas dans un état d'indolence; tous les jours nous allions à la chasse, & nous nous fîmes une petite cabane, pour nous mettre à couvert du froid. Nous y restâmes sans trouble durant l'hiver ; & le premier de Mai 1770, mon frère, à mon grand regret, retourna dans fa famille, pour aller chercher des chevaux & des munitions, me laiſſant ſeul à moi-même, ſans pain, ſans ſel ni ſucre, ſans compagnie d'être raiſonnable, pas même d'un cheval ou d'un chien. J'avoue que jamais je ne m'étois trouvé dans une plus grande néceſſité d'exercer ma philoſophie & mon courage. Je reſtai pluſieurs jours inconſolable. L'idée d'une épouſe & d'une famille chérie, de leur inquiétude ſur mon abſence, & ma fâcheuſe poſition, faiſoit ſur mon cœur une impreſſion profonde. Mille objets effrayans ſe préſentoient à mon imagination, & m'auroient certainement jeté dans la plus affreuſe mélancolie, ſi je m'y fuſſe livré plus long-temps.

Un jour j'entrepris une courſe à travers le pays ; la diverſité & la beauté de la Nature que je voyois dans une auſſi agréable ſaiſon, chaſſa de mon eſprit toutes les penſées triſtes & fâcheuſes. Le jour baiſſa, les zéphirs ſe retirèrent, & laiſsèrent l'air dans un calme profond ; pas le moindre ſouffle qui agitât les feuilles les plus légères des arbres.

arbres. Je gagnai le sommet d'une hauteur qui dominoit sur le pays, & regardant tout autour dans un étonnement délicieux, je voyois sous mes pieds de vastes plaines, une immense étendue de paysage le plus charmant. D'un autre côté je voyois la magnifique rivière d'Ohio, roulant ses eaux dans un silence majestueux, & traçant à l'ouest les limites de Kentucke. Dans le lointain j'appercevois les montagnes élevant leurs têtes superbes jusqu'aux nues. Je pouvois encore jouir de la vue de ce magnifique spectacle. J'allumai du feu près d'une source d'eau douce; j'y fis rôtir une longe d'un chevreuil que j'avois tué peu d'heures auparavant, & je m'en régalai. Les ombres de la nuit couvrirent bientôt tout l'hémisphère, & la terre sembloit soupirer après la douce rosée. La course que j'avois faite pendant le jour avoit fatigué mon corps, & diverti mon imagination. Je m'étendis sur un tas de feuilles, où je dormis profondément, & ne me réveillai que lorsque le soleil eut chassé la nuit. Je me levai; je continuai ma course, & en peu de jours je parcourus une partie considérable du pays, toujours avec autant de plaisir que le premier jour. Je retournai ensuite dans ma cabane, qui n'avoit point souffert en mon absence. Je ne bornai pas-là mon logement : je me retirois souvent dans des bois touffus de canes, pour éviter les Sauvages, qui, je crois, visitoient quelquefois ma cabane, mais heureusement pour moi en mon absence. Dans cette situation, j'étois constamment exposé au péril & à la mort. Combien une telle situation est malheureuse pour un homme tourmenté par la crainte, qui est vaine si le moment du danger ne vient point, & qui ne sert qu'à augmenter le tourment, si ce moment arrive ! Heureusement pour moi, j'étois à l'abri de cette passion affligeante, dont j'avois pourtant les plus grandes raisons d'être affecté. Les loups rodant autour de moi, me tenoient éveillé toute la nuit par leurs hurlemens continuels, & pendant le jour diverses espèces d'animaux, habitans de ces vastes forêts, étoient continuellement à ma vue.

Ainsi je me trouvois dans l'abondance, au sein de l'indigence même. J'étois heureux au milieu des dangers & des circonstances les plus fâcheuses. Dans une telle diversité d'objets & de senfations, il étoit impossible que je fusse disposé à me livrer à la mélancolie. Non, les Cités les plus peuplées, avec toutes les variétés du commerce, de l'industrie, & des édifices les plus somptueux qu'elles présentent, ne pourroient procurer à mon cœur autant de plaisir, que les beautés simples de la nature, que je trouvois dans ces sauvages lieux.

Je passai ainsi mon temps, au milieu d'une scène non interrompue de plaisirs champêtres, jusqu'au 27 de Juillet suivant, que mon frère, à ma grande satisfaction, vint me rejoindre, selon que nous étions convenus, dans notre ancienne demeure. Peu après, nous quittâmes ce lieu, ne le croyant pas assez sûr pour y demeurer plus long-temps, & nous avançâmes vers la rivière Cumberland, & parcourûmes cette partie de Kentucke jusqu'en Mars 1771, donnant des noms aux différentes rivières & ruisseaux que nous rencontrions.

Quelque temps après, je résolus de retourner chez moi dans le sein de ma famille, avec l'intention de l'emmener aussi-tôt qu'il me seroit possible, au risque de ma vie & de ma fortune, pour l'établir à

Kentucke, que je regardois comme un second Paradis.

Je retournai donc dans mon ancienne habitation fain & fauf, & je trouvai ma famille dans le meilleur état. Je vendis ma ferme fituée fur l'Yadkin, & toutes les chofes que nous ne pouvions emporter avec nous; & le 25 Septembre 1773, je dis adieu à tous nos amis, & je me mis en route pour Kentucke, accompagné de ma famille, de cinq autres, & de quarante hommes qui nous joignirent à la vallée de Powel, qui eft à cent cinq milles des nouveaux établiffemens de Kentucke. Ces heureux commencemens furent bientôt fuivis des plus affreufes calamités. Car le 10 Octobre notre petite troupe fut attaquée par un parti de Sauvages, qui nous tuèrent fix hommes, & en blefsèrent un. Mon fils aîné fut un de ceux qui périrent dans l'action. Quoique nous nous fuffions défendus, & que nous euffions repouffé l'ennemi, néanmoins cette malheureufe rencontre difperfa notre bétail, nous jeta dans les plus extrêmes difficultés, & découragea tellement la Compagnie, que nous reculâmes de quarante milles, vers l'établiffement situé sur la rivière Clench. Nous avions passé les deux montagnes de Powel & de Walden, & nous approchions de celles de Cumberland, quand ce malheur nous arriva. Ces montagnes sont dans un lieu désert, & se présentent au sud-ouest & au nord-est à mesure qu'on passe de nos anciens établissemens de la Virginie à Kentucke : elles sont très-grosses, fort hautes, & peu distantes l'une de l'autre. La nature y a formé des passages, qui sont moins difficiles qu'on ne l'attendroit à la vue de ces énormes masses. L'aspect de ces sommets escarpés est si sauvage & si horrible, qu'il est impossible de les voir sans terreur. Le spectateur occupé à les contempler ne peut s'empêcher de penser que la Nature a éprouvé, dans ce lieu, quelque violente convulsion, & que ce sont-là les restes démembrés du terrible choc qu'elle a éprouvé, les ruines, non de Persepolis ou de Palmyre, mais du Globe même.

Je demeurai avec ma famille sur la Clench jusqu'au 6 de Juin 1774, que le Lord Dunmore, Gouverneur de la Virginie, me proposa d'aller, avec un M. Michel Stoner, aux Chûtes de l'Ohio, pour y prendre un certain nombre d'Arpenteurs, que ce Gouverneur y avoit envoyés quelques mois auparavant, & les conduire dans les différentes parties de Kentucke, qui attiroit alors l'attention de plusieurs voyageurs. Nous accédâmes sans balancer à la demande du Gouverneur, & nous exécutâmes notre mission en soixante-deux jours, pendant lesquels nous fîmes huit cent milles avec des peines & des fatigues infinies.

Aussi-tôt après cette expédition, je retournai chez moi, & je reçus ordre de prendre le commandement de trois Garnisons pendant la campagne (1) que le Gouverneur Dunmore fit contre les Shawanèses. Après qu'elle fut terminée, la Milice fut congédiée de chaque Garnison, & ayant été relevé de mon poste, je fus sollicité par plusieurs personnes de la Caroline septentrionale, qui songeoient à acheter des Cherokees les terres situées au sud de la rivière Kentucke, d'attendre leur traité à Wataga, en Mars 1775, pour négocier

---

(1) Le sujet de cette guerre est rapporté dans l'Introduction, à l'occasion de la harangue de Logan.

avec les Sauvages, & fixer les limites du pays acheté. J'acceptai leurs offres, & à leur prière, je me chargeai de tracer une route dans le lieu le plus favorable, depuis les parties habitées de la Virginie jusqu'à Kentucke, à travers les déserts, avec tous les secours que je jugerois nécessaires d'employer pour une entreprise aussi importante.

Ayant tout de suite rassemblé un certain nombre d'hommes entreprenans & bien armés, je me disposai à exécuter mon plan. Nous avançâmes avec toute la diligence possible, jusqu'à ce que nous arrivâmes à quinze milles du lieu où est maintenant Boonsboroug, où nous fûmes attaqués par un parti de Sauvages, qui nous tua deux hommes, & en blessa autant : cependant, quoique surpris, & inférieurs en nombre, nous ne lâchâmes pas le pied : c'étoit le 20 Mars 1775. Trois jours après nous fûmes attaqués de nouveau, & nous eûmes deux hommes tués, & trois blessés. Après cela nous avançâmes vers la rivière Kentucke sans opposition, & le premier Mai nous commençâmes à construire le fort de Boonsborough sur une

Saline, environ soixante verges au sud de la rivière.

Le quatrième jour les Sauvages nous tuèrent un homme. Nous travaillâmes avec ardeur à la construction du fort, jusqu'au 14 de Juin, sans être plus inquiétés par les Sauvages, & après avoir achevé l'ouvrage, je retournai dans ma famille sur la Clench.

Quelque temps après, je conduisis ma famille de Clench, dans le Fort de Boonsborough, où nous arrivâmes sans accidens, & sans autres difficultés, que celles inséparables d'une route pareille, mon épouse & ma fille étant les premières femmes blanches qui eussent jamais mis le pied sur les bords de la rivière Kentucke.

Le 24 Décembre suivant nous eûmes un homme tué, & un blessé par les Sauvages, qui sembloient déterminés à nous persécuter, à cause du Fort que nous venions d'élever.

Le 14 Juillet 1776, deux filles du Colonel Calaway, & la mienne, furent prises par les Sauvages près du Fort. Je me mis aussi-tôt à la poursuite des Sauvages, avec huit hommes seulement; & le 16 les ayant atteints, j'en tuai deux, & repris nos trois jeunes prisonnières. Le même jour de cette expédition, les Sauvages se partagèrent en plusieurs bandes, & attaquèrent divers Forts, depuis peu construits, où ils firent beaucoup de dégât. C'étoit un grand malheur pour des gens nouvellement établis. Le foible cultivateur étoit tué, pendant que de ses mains il remuoit le sol qui devoit fournir aux besoins de sa famille. La plus grande partie du bétail aux environs des habitations fut détruite. Les Sauvages continuèrent leurs hostilités de cette manière, jusqu'au 15 Avril 1777, qu'ils vinrent attaquer Boonsboroug, an nombre d'environ cent; ils nous tuèrent un homme, & en blessèrent quatre. Leur perte dans cette attaque ne nous fut point connue.

Le 4 Juin suivant, un parti d'environ cent Sauvages, attaqua Boonsborough, tua un homme, & en blessa deux. Ils nous assiégèrent pendant quarante-huit heures; & voyant qu'il n'y avoit rien à gagner pour eux, ils levèrent le siège, & s'en allèrent. Cette attaque leur coûta sept hommes, qui furent tués.

Alors les Sauvages diviferent leurs guerriers en plufieurs partis, & attaquèrent tous les Forts dans le même temps, afin de prévenir les fecours qu'ils auroient pu fe donner mutuellement, & firent mille maux aux malheureux Colons.

Le 19 du même mois, le Fort du Colonel Logan fut affiégé par un parti d'environ deux cent Sauvages : pendant ce terrible fiége, ils firent les plus grands ravages, réduifirent à l'extrémité la garnifon, compofée feulement de quinze hommes, dont ils tuèrent & blefsèrent un. Leur perte ne fut pas connue, par l'ufage où font ces Nations d'enlever leurs morts au milieu du combat. Le Fort du Colonel Harrod fut alors défendu par foixante-fix hommes feulement, & celui de Boonsborough par vingt-deux, n'y ayant pas d'autres Forts, ni d'autres hommes blancs dans le pays, jufqu'aux Chûtes de l'Ohio, dont la diftance eft confidérable, & tous enfemble n'étoient qu'une poignée d'hommes, en comparaifon de l'ennemi, dont les nombreux guerriers étoient difperfés par-tout, & occupés à faire tout le mal que la barbarie fauvage peut inventer. Ainfi nous éprouvâmes une infinité de malheurs & de souffrances qui surpassent toute expression.

Le 25 de ce mois il vint de la Caroline septentrionale un renfort de cinquante-cinq hommes; & environ le 20 d'Août suivant, le Colonel Bowman arriva avec cent hommes de la Virginie. Alors nous commençâmes à nous fortifier, & dans l'espace de six semaines nous eûmes des escarmouches avec les Sauvages presque tous les jours, tantôt dans un lieu, tantôt dans un autre.

Les Sauvages reconnurent alors, par expérience, la supériorité du Long-Couteau, (c'est ainsi qu'ils appellent les Virginiens), étant défaits dans presque tous les combats. Nos affaires commencèrent à prendre une nouvelle face, & l'ennemi n'osant risquer une guerre ouverte, nous faisoit sourdement tout le mal possible.

Le premier Janvier 1778, j'allai avec un parti de trente hommes aux Salines Bleues, sur la rivière Licking, faire du sel pour les diverses Garnisons de Kentucke.

Le 7 Février, comme je chassois pour fournir à notre nourriture, je rencontrai un parti de cent deux Sauvages & deux François, qui alloient attaquer le Fort de

Boonsboroug, objet principal de leurs vœux. Ils me pourſuivirent, me firent priſonnier, & m'emmenèrent le lendemain aux Salines, où étoient vingt-ſept hommes de mon parti, dont trois avoient prudemment pris la route du Fort avec le ſel. Voyant qu'il leur étoit impoſſible d'échapper, je capitulai avec les Sauvages, & à une certaine diſtance d'eux, je fis connoître à mes compagnons leur ſituation, avec ordre de ne point réſiſter, & de ſe rendre priſonniers.

Les conditions avantageuſes que les Sauvages avoient promis de garder auparavant dans ma capitulation, furent parfaitement obſervées, & nous avançâmes avec eux, comme priſonniers, vers le vieux Chelicothe, bourgade principale des Sauvages, ſur la petite Miami, où nous arrivâmes après une marche fatigante, par un temps affreux, le 18 de Février, & nous y fûmes auſſi-bien traités que des priſonniers peuvent l'attendre de la part des Sauvages. Le 10 Mars ſuivant, dix de ma troupe & moi nous fûmes conduits par quarante Sauvages au Détroit, où nous arrivâmes le 30, & nous y fûmes reçus avec la plus grande humanité par le Gouverneur Hamilton, Commandant de ce Poste pour la Grande-Bretagne.

Pendant la route, les Sauvages me traitèrent fort bien, & leur affection pour moi étoit si grande, qu'ils refusèrent absolument de me laisser avec les autres au Détroit, quoique le Gouverneur leur offrît pour moi cent livres sterlings, dans l'intention de me permettre de retourner chez moi. Plusieurs Anglois, sensibles à mon malheur, & touchés de compassion, m'offrirent généreusement leur bourse, que je refusai, en les remerciant sincérement de leur humanité; ajoutant que je ne me croirois jamais en état de reconnoître une pareille générosité.

Les Sauvages laissèrent mes dix hommes prisonniers avec les Anglois au Détroit, & le 10 Avril, ils m'emmenèrent avec eux, prenant la route du vieux Chelicothe, où nous arrivâmes le 26 du même mois. Cette marche fut longue & fatigante, à travers un pays extrêmement fertile, & remarquable par une infinité de sources & de rivières. A Chelicothe je passai mon temps aussi agréablement que je pouvois l'attendre;

je fus adopté, selon leur coutume, dans une famille, dont je devins le fils, & j'eus la plus grande part à l'affection de mes nouveaux parens, frères, sœurs & amis. J'étois très-familierement & très-amicalement avec eux, me montrant toujours aussi joyeux & aussi content qu'il m'étoit possible, & ils prirent grande confiance en moi. J'allois souvent à la chasse avec eux, & fréquemment j'obtenois leurs applaudissemens pour mon activité & mon adresse à tirer. J'étois attentif néanmoins à ne pas surpasser un grand nombre de Sauvages à cet exercice ; car il n'y a pas de peuple plus jaloux à cet égard. Il m'étoit facile de voir, dans leur contenance & dans leurs gestes, les plus vives expressions de la joie quand ils me surpassoient, & de la jalousie, quand le contraire arrivoit. Le Roi des Shawanèses voulut me connoître, & me traita avec une espèce de vénération, & l'amitié la plus tendre, me permettant souvent d'aller chasser tout seul. Je retournois souvent avec les dépouilles des bêtes, & je lui présentois toujours quelque chose de ce que j'avois pris, comme un hommage dû à mon souverain. Mes repas & mon logement étoient en commun avec eux, & non tels affûrément que je les aurois defirés; mais la néceffité rend toutes chofes fupportables.

Je fongeai pourtant à m'échapper; mais j'évitois foigneufement de leur donner du foupçon, & je demeurai avec eux au vieux Chelicothe jufqu'au premier Juin fuivant, qu'ils m'emmenèrent aux Sources Salées fur la Sciotha, où je demeurai dix jours, travaillant à faire du fel. Pendant ce temps je chaffois quelquefois pour eux, & je trouvai, dans une grande étendue aux environs de cette rivière, une terre qui furpaffe, fi toutefois il eft poffible, le fol de Kentucke, & parfaitement bien arrofée.

Quand je revins à Chelicothe, je fus alarmé de voir raffemblés 405 Sauvages, choifis parmi les meilleurs guerriers, peints & armés d'une manière terrible, prêts à marcher contre Boonsboroug; & je réfolus de m'échapper à la première occafion.

Le 16, avant le lever du foleil, je partis fecrétement, & j'arrivai à Boonsborough le 20, après une marche de cent fix milles, durant laquelle je ne pris qu'un repas.

Je trouvai nos fortifications dans le plus

mauvais état de défense; mais nous travaillâmes incontinent à réparer nos flancs, à fortifier nos postes & poternes, & à former un double bastion, ouvrages que nous achevâmes en dix jours. Pendant cet intervalle, nous attendions journellement l'arrivée de l'armée sauvage; à la fin un de mes compagnons de captivité, s'échapant de leurs mains, vint au Fort, & nous apprit que l'ennemi, informé de mon départ, avoit différé de trois semaines l'expédition. Les Sauvages épièrent nos mouvemens, & furent très-alarmés de voir notre garnison s'accroître, & nos fortifications augmenter. Ils assemblèrent fréquemment le grand Conseil des Nations, & donnèrent à leurs délibérations plus de soins qu'à l'ordinaire. Ils virent clairement que le moment approchoit, où le Long-Couteau les alloit déposséder de leurs desirables habitations; & très-inquiets sur l'avenir, ils se déterminèrent à exterminer entièrement les Blancs de Kentucke. Nous ne fûmes point intimidés par leurs mouvemens, & nous leur donnâmes souvent des preuves de notre courage.

Le premier d'Août je fis une incursion dans

dans le pays des Sauvages, avec dix-neuf hommes, dans le dessein de surprendre une petite Bourgade sur la Sciotha, appellée *Paint-Creek-Town*. Nous avançâmes environ quatre milles, & là nous rencontrâmes un parti de Sauvages, qui marchoient contre Boonsboroug, & tâchoient de joindre les autres qui étoient partis de Chelicothe. Nous nous batîmes pendant quelque temps : enfin les Sauvages prirent la fuite. Nous n'eûmes de notre côté aucune perte : les Sauvages eurent un homme tué, & deux blessés. Nous leur prîmes trois chevaux & tout leur bagage ; & ayant appris par deux des nôtres qui étoient allés à leur Bourgade, que les Sauvages l'avoient entiérement évacuée, nous n'avançâmes pas plus loin, & nous retournâmes avec toute la diligence possible pour soutenir notre Garnison contre les autres partis des Sauvages. Nous passâmes près d'eux le sixième jour, & le septième, nous arrivâmes sains & saufs à Boonsborough.

Le jour suivant, les Sauvages arrivèrent au nombre de quatre cent quarante-quatre, commandés par le Capitaine Duquesne, onze autres François, & quelques-uns de leurs propres Chefs : ils avancèrent à la vue de notre Fort, avec les Enseignes Britanniques & Françoises déployées, & m'envoyèrent une sommation, au nom de Sa Majesté Britannique, de rendre le Fort; sur quoi je demandai deux jours pour délibérer; ce qui me fut accordé.

La position étoit critique. Nous n'étions qu'un petit nombre pour défendre le Fort. Nos retranchemens étoient entourés d'une puissante armée de Sauvages, dont l'aspect annonçoit une mort inévitable, & qui laissoient sur leurs traces la terreur & la désolation. La mort étoit préférable à la captivité ; & si nous étions pris les armes à la main, nous étions sans rémission dévoués à une mort horrible. D'après ces réflexions, nous résolûmes de nous défendre jusqu'à la dernière extrémité. Tout de suite nous rassemblâmes ce que nous pûmes de nos chevaux, & autre bétail, & nous les fîmes entrer par les poternes dans l'intérieur du Fort. Le lendemain au matin, je répondis aux Sauvages que nous étions déterminés à défendre notre Fort, tant qu'il resteroit un seul homme. Maintenant, dis-je à leur Commandant, qui écoutoit attentivement mes paroles, nous nous moquons de tous vos formidables préparatifs; mais nous vous remercions de nous avoir fourni les moyens & le temps de pourvoir à notre défense; car nos portes vous seront pour toujours fermées. Je ne puis dire si cette réponse leur inspira quelque crainte; mais ils formèrent le dessein de nous prendre par ruse, déclarant qu'ils avoient reçu ordre du Gouverneur Hamilton de nous faire prisonniers, & non de nous détruire; mais que si neuf de nous vouloient sortir du Fort, & venir traiter avec eux, ils retireroient tout de suite leurs forces de nos retranchemens, & s'en retourneroient en paix. Ces propositions nous furent agréables, & nous les acceptâmes.

Nous conclûmes le traité à soixante verges du Fort, afin de les détourner de l'envie de trahir leur foi; car nous ne pouvions nous empêcher d'avoir quelques soupçons sur ces Sauvages. Les articles furent donc formellement conclus, & signés: après cela les Sauvages nous dirent que leur coutume étant en pareille occasion, que deux des leurs prennent les mains à chacun des Blancs, comme un témoignage de leur entière amitié, il convenoit que cette cérémonie fût observée dans ce traité. Nous acceptâmes encore cet article; mais nous fûmes bientôt convaincus que leur intention étoit de nous faire prisonniers. Dans le même instant ils nous saisirent; mais, quoiqu'entourés par des centaines de Sauvages, nous nous échappâmes de leurs mains, & nous parvînmes tous au Fort sains & saufs, excepté un qui fut blessé par un coup d'arme à feu. Aussi-tôt ils nous attaquèrent de tout côté; & il y eut entre nous un feu constant jour & nuit pendant neuf jours de suite.

Alors l'Ennemi entreprit de miner le Fort qui étoit situé à soixante verges de la rivière Kentucke. Ils commencèrent à la rivière, & avancèrent jusqu'à une certaine distance sur le rivage, ce que nous comprîmes par l'eau qui étoit trouble & bourbeuse; & nous résolûmes tout de suite de prévenir leur dessein, en coupant leur chemin souterrein. Ayant découvert notre contre-mine, par l'argile que nous jettions hors du Fort, ils abandonnèrent l'ouvrage; & pleinement convaincus alors par l'expérience que ni par force, ni par ruse, ils ne pouvoient effectuer leur projet, le 20 Août ils levèrent le siège & partirent.

Pendant ce terrible siège, qui nous offrit la mort dans toutes ses horreurs, nous eûmes deux hommes tués & quatre blessés, outre un certain nombre de bétail. Du côté de l'ennemi, il y eut trente-sept hommes tués, & un grand nombre de blessés. Après qu'ils furent partis nous ramassâmes cent vingt-cinq livres pesant de balles, outre celles qui s'étoient logées dans les murs, dans nos retranchemens ; ce qui est assurément une grande preuve de leur industrie. Peu après je retournai chez moi, & il ne m'arriva rien qui mérite d'être cité.

Pendant mon absence de Kentucke, le Colonel Bowman entreprit une expédition contre les Shawanèses du vieux Chelicothe, avec cent soixante hommes, en Juillet 1779. Nos troupes arrivèrent sans être découvertes, & il se livra un combat qui dura jusqu'à dix heures du matin, que le Colonel Bowman voyant qu'il ne pouvoit réussir alors, recula environ trente milles. Les Sauvages cependant rassemblant toutes leurs forces, le pourfuivirent & l'atteignirent; on fe battit environ deux heures, mais ce ne fut pas à l'avantage du parti du Colonel Bowman.

Cependant le Colonel Harrod propofa de monter un certain nombre de chevaux, & de tomber vigoureufement fur les Sauvages, qui combattoient alors avec une extrême furie. Ce coup défefpéré eut un fuccès heureux; il rompit leur ligne de bataille, & occafionna une déroute générale parmi eux. Dans ces deux combats nous eûmes neuf hommes tués, & un bleffé. La perte de l'Ennemi fut incertaine, les nôtres n'ayant enlevé que deux chevelures.

Le 22 Juin 1780, un grand parti de Sauvages & Canadiens, au nombre d'environ fix cens, commandés par le Colonel Bird, attaqua les poftes de Riddle & de Martin, fur la rivière Licking, avec fix pièces d'artillerie. Ils conduifirent cette expédition fi fecrétement, que les habitans n'en furent inftruits que lorfqu'ils virent les Forts attaqués; & comme ils n'étoient point préparés à la réfiftance, ils furent obligés de fe rendre prifonniers à ces Sauvages, qui tuèrent fur la place un homme & deux femmes, & emmenèrent tous les autres avec le bagage, les forçant d'avancer, foit qu'ils fuffent en état ou non de marcher. Ceux qui étoient foibles ou fatigués de la marche, ils les tuoient impitoyablement. Les tendres femmes, les foibles enfans tomboient victimes de leur cruauté. Ces horreurs, & l'indigne traitement que les Sauvages firent enfuite éprouver à leurs prifonniers, révoltent l'humanité, & je ne puis me réfoudre à les rapporter en détail.

Les difpofitions hoftiles des Sauvages & de leurs Alliés, engagèrent le Général Clark, Commandant aux Chûtes de l'Ohio, à tenter une expédition avec fon Régiment & les Milices du pays, contre Pecaway, la principale Bourgade des Shawanèfes, fur une des branches de la grande Miami : fon entreprife fut couronnée du plus heureux fuccès ; il enleva dix-fept chevelures, & réduifit la Bourgade en cendres, avec perte feulement de dix-fept hommes.

Sur ces entrefaites je retournai à Kentucke avec ma famille ; & pour prévenir les queſtions du Lecteur déja informé que j'avois conduit ma famille à Kentucke, je me vois obligé de lui apprendre que durant ma captivité chez les Sauvages, ma femme, qui déſeſpéroit de jamais me revoir, croyant que j'avois été tué, accablée des malheurs du pays, & ſe voyant privée de moi, ſon unique félicité, avoit tranſporté, avant mon retour, notre famille & nos biens ſur des chevaux, à travers les déſerts, & au milieu de mille dangers, à l'habitation de ſon père, dans la Caroline ſeptentrionale.

Ce fut peu de temps après le ſiège de Boonsborough, comme je l'ai déja dit, que j'allai les joindre, & je vécus paiſiblement juſqu'à mon retour à Kentucke. L'hiſtoire de mon voyage chez mon beau-père, & de mon retour avec ma famille, forme une chaîne de difficultés & de peines dont le récit pourroit remplir un volume; mais comme il n'entre point dans mon plan, je crois devoir l'omettre.

J'établis de nouveau ma famille à Boonſborough, & peu après, vers le 6 Octobre 1780, j'allai avec mon frère aux Salines-Ileues, & en retournant chez nous, nous fûmes attaqués par un parti de Sauvages qui tuèrent mon frère & me pourfuivirent, à la pifte de leur chien (1), l'efpace de trois milles ; mais je tuai le chien & je m'échappai. L'hiver ne tarda pas à venir ; il fut très-rude, & confina les Sauvages dans leurs huttes.

La rigueur de cet hiver caufa de grands maux à Kentucke. L'ennemi avoit détruit prefque tous les grains l'été précédent. Cet article de néceffité étoit rare & cher, & les habitans fe nourriffoient principalement de chair de bifon ; plufieurs fe trouvoient dans un état vraiment déplorable. Néanmoins, comme c'étoit des gens robuftes & accoutumés à la fatigue & aux privations, ils fupportèrent merveilleufement toutes ces calamités, jufqu'à l'Automne prochaine, que nous recueillîmes une abondante moiffon.

Vers le Printemps nous fûmes fréquemment harcelés par les Sauvages ; & en Mai 1782, un parti attaqua le pofte d'Ashton, tua un homme & emmena un Nègre pri-

---

(1) Voyez fur l'admirable inftinct de cet animal, l'anecdote touchante du chien fauvage, dans les *Lettres d'un Cultivateur Américain*, T. 1, p. 199.

sonnier. Le Capitaine Ashton, avec vingt-cinq hommes, alla à leur pourfuite & les atteignit. On fe battit pendant deux heures; mais les Sauvages étant fupérieurs en nombre, obligèrent la petite troupe du Capitaine Ashton à fe retirer, avec perte de huit hommes tués & quatre mortellement bleffés. Leur brave Commandant fut lui-même du nombre des morts.

Les Sauvages continuèrent leurs hoftilités, & vers le 10 Août fuivant, ils enlevèrent deux enfans du Pofte du Major Hoy. Le Capitaine Holder les pourfuivit avec dix-fept hommes, mais il fut auffi défait, avec perte de quatre hommes tués & un bleffé. Nos affaires devinrent de plus en plus alarmantes. Divers Poftes depuis peu établis dans le territoire, étoient continuellement infeftés par les Sauvages, qui enlevoient le bétail & tuoient les hommes, toutes les fois qu'ils en trouvoient l'occafion. Dans un champ près de Lexington, un d'eux tua un homme, & voulant lui arracher la chevelure, il fut lui-même tué d'un coup d'arme à feu tiré du Fort, & tomba mort fur fon ennemi.

Chaque jour nous éprouvions quelque

nouveau malheur. Les barbares nations des Shawanèses, des Cherokees, des Wyandots, des Tawas, des Delawares, & autres près du Détroit, se réunirent pour nous faire la guerre, & assemblèrent leurs meilleurs guerriers au vieux Chelicothe, pour tenter une expédition dont le but étoit de nous détruire, & de dévaster entièrement le pays. Leurs cœurs féroces étoient excités au carnage par deux hommes perdus, les Capitaines Kee & Girty, qui se mirent à leur tête dans le dessein d'exécuter les abominables projets qu'ils avoient formés. Le 16 Août ils conduisirent un parti de Sauvages & de Canadiens, d'environ cinq cens, contre le Poste de Briant, à cinq milles de Lexington. Sans faire sommer la garnison de se rendre, ils l'attaquèrent avec furie, mais heureusement ils la trouvèrent en état de défense ; & après avoir employé inutilement une grande quantité de munitions, ils tuèrent le bétail qui étoit aux environs du Fort, & ne pouvant se rendre maîtres de la Place, ils levèrent le siège & partirent le matin du troisième jour après leur arrivée, avec perte d'environ trente hommes tués & quelques bleſſés. La Garniſon eut quatre hommes tués & trois bleſſés.

Le 18 du même mois les Colonels Todd & Trigg, le Major Harland & moi, ayant raſſemblé à la hâte cent ſoixante & ſeize hommes bien armés, nous allâmes à la pourſuite des Sauvages qui s'étoient avancés au-delà des Salines-Bleues, vers un coude remarquable de la principale branche de la rivière Licking, à environ quarante-trois milles de Lexington, comme il eſt repréſenté ſur la Carte, où nous les atteignîmes le lendemain. Les Sauvages nous ayant apperçus, reculèrent; & comme nous ignorions leurs forces, nous paſſâmes la rivière. Lorſqu'ils nous virent avancer, ayant l'avantage du lieu, ils formèrent leur ligne de bataille comme on le voit ſur la Carte, d'une extrêmité à l'autre du coude de la Licking, environ à un mille des Salines Bleues. Là ſe livra un furieux combat, qui dura l'eſpace de quinze minutes, après leſquelles nous voyant accablés par le nombre, nous fûmes obligés de nous retirer avec perte de ſoixante-ſept hommes, dont ſept furent faits priſonniers. Les braves & malheureux Colonels Todd & Trigg, le

Major Harland & mon second fils furent parmi les morts. Nous apprîmes que les Sauvages, comptant leurs morts, en avoient trouvé quatre plus que nous ; &, en conséquence, d'un avis unanime, ils firent tuer, de la manière la plus barbare, quatre des prisonniers qu'ils avoient faits, par leurs jeunes guerriers, pour leur donner des leçons de cruauté, & ensuite ils retournèrent dans leurs Bourgades.

Dans notre retraite nous rencontrâmes le Colonel Logan, qui se hâtoit de nous joindre, avec un nombre d'hommes bien armés. Ce puissant secours nous avoit malheureusement manqué dans le combat : car nonobstant la supériorité du nombre des Sauvages, ils avouèrent que si notre feu eût été un peu plus considérable, ils auroient certainement pris la fuite. Notre petite troupe combattit si vaillamment, que la mémoire de ceux qui périrent malheureusement dans cette action ne peut assez être honorée ; & si le Colonel Logan avec sa troupe eût été avec nous, il est certain que nous aurions défait totalement les Sauvages.

Je ne puis penser à cette terrible scène,

sans que mon cœur soit brisé de douleur. Un zèle ardent pour la défense de leur pays conduisit ces héros au milieu des périls, & les porta à attaquer, quoiqu'en petit nombre, une puissante armée de guerriers expérimentés. Quand nous prîmes la fuite, les Sauvages nous poursuivirent avec la plus grande agilité, & répandirent la désolation dans tous les lieux. La rivière étoit difficile à passer, & plusieurs des nôtres furent tués dans la fuite, quelques-uns à mesure qu'ils entroient dans la rivière, d'autres au milieu de l'eau, d'autres, enfin, après l'avoir traversée & en montant sur ses bords escarpés. Quelques-uns se sauvèrent sur des chevaux, un petit nombre à pied ; & s'étant dispersés partout, en peu d'heures, ils portèrent à Lexington la triste nouvelle de ce malheureux combat. On vit alors un grand nombre de veuves. Le lecteur peut se figurer la douleur des habitans, douleur qu'il me seroit impossible de rendre. Ayant reçu quelques renforts, nous retournâmes pour ensevelir les morts, & nous trouvâmes leurs corps dispersés çà & là, tronqués & mutilés d'une manière horrible Ce triste spectacle nous fit éprouver une horreur nompareille : quelques-uns des cadavres étoient déchirés & mangés par les bêtes sauvages ; ceux qui étoient sur le rivage, rongés par les poissons; tous dans un état de putréfaction telle que nous ne pouvions les distinguer l'un de l'autre.

Dès que le Général Clark, qui étoit toujours prêt à nous secourir, & qui par-là mérite l'amour & la reconnoissance de tous les habitans du Pays, eut appris aux Chûtes de l'Ohio, où il étoit alors, les circonstances de cette malheureuse action, il détacha un parti de plusieurs hommes, du nombre desquels je fus, avec ordre de poursuivre les Sauvages en toute diligence; ce qui fut exécuté si promptement, que nous les rencontrâmes à deux milles de leurs Bourgades; & nous aurions sans doute remporté une victoire complette, si deux des leurs ne nous eussent rencontrés environ à deux cent perches avant le lieu où nous les atteignîmes. Ces deux Sauvages retournèrent précipitamment à leur camp, annonçant une grande armée en vue. Les ennemis s'enfuirent dans le plus grand désordre, évacuèrent leurs Bourgades, & nous abandonnèrent à regret leur territoire.

Nous prîmes auffi-tôt poffeffion du vieux Chelicothe, fans aucune oppofition de la part des habitans, qui avoient tous pris la fuite. Nous continuâmes notre marche à travers cinq Bourgades fur les rivières de Miami, favoir le vieux Chelicothe, Pecaway, nouveau Chelicothe, Will's Towns, & Chelicothe, que nous réduisîmes toutes en cendres : nous détruisîmes entièrement leurs grains, & autres fruits, & nous dévaftâmes tout le pays. Dans cette expédition nous fîmes fept prifonniers, nous enlevâmes cinq chevelures, avec perte feulement de quatre hommes, dont deux furent tués accidentellement par nos propres troupes.

Cette campagne découragea les Sauvages, & leur fit fentir notre fupériorité. Leurs relations étoient rompues, leurs armées difperfées, & hors d'état de tenter aucune invafion chez nous. Cependant ils continuèrent à faire fecrétement tout le mal qu'ils purent aux habitans dans les parties les plus expofées.

Au mois d'Octobre fuivant, un parti de Sauvages fit une incurfion dans le diftrict appellé *Crab Orchard*, & l'un d'eux s'étant avancé

avancé à quelque distance des autres, entra hardiment dans l'habitation d'une pauvre famille sans défense, où il ne trouva qu'un Nègre, une femme & son enfant, qui furent saisis de terreur à la vue de ce Sauvage. Celui-ci voyant qu'ils n'étoient point en état de se défendre, sans faire aucune violence à la femme, voulut s'emparer du Nègre, qui heureusement se défendit, & le terrassa; pendant le combat, la femme tirant une hache d'un coin de la cabane, lui coupa la tête, tandis que sa petite-fille fermoit la porte. Les Sauvages arrivèrent dans le moment, & tâchèrent d'enfoncer la porte avec leurs tomahawks, ou casse-tête (1). Il y avoit dans la cabane un vieux fusil tout rouillé & sans platine : la femme s'en empara, le passa à travers une petite fente de la porte, & les Sauvages l'ayant apperçu, prirent la fuite. Cependant l'allarme se

---

(1) Le *Tomahawk*, ou casse-tête, est un instrument ressemblant à une petite hache, avec laquelle les Sauvages cassent la tête de leurs ennemis, avec laquelle ils fument, & sur le manche de laquelle ils tiennent un registre de leurs victoires. *Lettres d'un Cultivateur Américain.* T. 2, p. 388.

G

répandit dans tout le voisinage; plusieurs hommes armés se rassemblèrent, & poursuivirent les Sauvages jusques dans leurs déserts. Ainsi la Providence, par le moyen de ce Nègre, sauva une pauvre famille d'une entière destruction. Depuis ce moment, jusqu'à l'heureuse conclusion de la paix entre les États-Unis & la Grande-Bretagne, les Sauvages ne nous firent aucun mal. Voyant le grand Roi d'au-delà de l'eau trompé dans son attente, & convaincus de l'importance du Long-Couteau, & de leurs propres misères, quelques-unes des Nations désirèrent bientôt la paix, à laquelle elles semblent toutes disposées à présent, & envoyèrent des Députés au Général Clark, aux Chûtes de l'Ohio, avec les résultats de leurs Assemblées, dont on peut prendre une idée d'après celle des Piankashaws, à la suite de cette relation.

Pour conclure, je puis dire maintenant que j'ai vérifié la prédiction d'un vieux Sauvage, qui signa l'acte du Colonel Henderson. Ce vieillard me prenant par la main, après la signature du traité: « Frère, me dit-il, nous vous avons donné une excellente terre; mais je suis persuadé que

» vous aurez bien de la peine à vous y éta-
» blir ». Mes traces ont souvent été teintes
de sang ; aussi je puis souscrire au nom que
ce territoire avoit originairement (Terre
de Sang). Deux enfans chéris, & un tendre
frère m'ont été enlevés, & sont morts de
la main des Sauvages, qui m'ont aussi pris
quarante beaux chevaux, & grand nombre
de bétail. J'ai passé plusieurs nuits triste-
ment & sans dormir, compagnon des
oiseaux nocturnes, séparé de toute société
humaine, brûlé par l'ardeur du soleil,
transi par les frimats de l'hiver. Mais heureusement la scène est changée, & la paix
couronne les ombres des forêts.

Quelle reconnoissance, quelles ardentes,
quelles continuelles actions de grâces ne
devons-nous pas à cette Providence in-
finie, qui a fait succéder la douce paix à
une cruelle guerre, mis l'ordre où régnoit
la confusion, adouci la féroce cruauté des
Sauvages, & détourné de notre Pays leurs
horribles armes! Puisse cette puissante Providence bannir de l'univers entier le monstre
horrible de la Guerre, & ses odieuses com-
pagnes, la Rapine & l'insatiable Ambition.
Puisse la Paix, descendant de sa demeure

céleste, offrir son olive joyeuse aux Nations enchantées, & l'Abondance, unie avec le Commerce, répandre tous les biens de sa main bienfaisante.

Ce récit de mes aventures suffit pour apprendre au Lecteur les événemens les plus remarquables qui ont eu lieu à Kentucke. Je vis maintenant dans la paix & la sécurité, jouissant des douceurs de la liberté, & des bienfaits de la Providence, avec les compagnons de mes malheurs passés, dans cette contrée délicieuse, que nous avons acquise au prix de notre sang & de nos trésors; qui enchante les sens par la beauté de son climat & la fertilité de son sol, & qui sera bientôt, j'espère, l'un des plus opulens & des plus puissans États du continent de l'Amérique septentrionale. Puissé-je voir réaliser mes espérances; honoré de l'estime, de l'amitié & de la reconnoissance de mes concitoyens, ce sera pour moi la plus douce récompense de tous les dangers & de toutes les fatigues que j'ai éprouvés.

DANIEL BOON.

Du Comté de La Fayette. Kentucke.

ASSEMBLÉE
DES
PIANKASHAWS.

Dans une Assemblée, tenue au Poste Saint-Vincent, le 15 Avril 1784, Thomas J. Dalton dit aux Ambassadeurs des Piankashaws.

Mes Enfans ,

Ce que je vous ai déjà dit souvent est enfin arrivé. J'ai reçu aujourd'hui des nouvelles de mon Grand Chef, aux Chûtes de l'Ohio. La Paix est faite avec les Ennemis de l'Amérique. Les Hommes Blancs, Américains, François, Espagnols, Hollandois & Anglois, fument aujourd'hui dans la Pipe de Paix. Le tomahawk (1) est enterré, & ils sont tous amis maintenant.

J'ai appris que les Shawanèses, les De-

_____

(1) Casse-tête. Voyez page 97.

lawares, les Chicasaws, les Cherokees, & tous les autres Hommes Rouges ont pris le Long-Couteau par la main (1). Ils lui ont rendu tous les prisonniers qui étoient parmi eux.

Mes enfans sur la Wabash.

Ouvrez vos oreilles, & que ce que je vais vous dire reste gravé au fond de vos cœurs. Vous me connoissez. Pendant près de vingt ans j'ai demeuré parmi vous. Le Long-Couteau est ma Nation. Je connois leurs cœurs : ils portent la paix dans une main, & la guerre dans l'autre.

Je vous laisse libres de choisir : considérez, & acceptez maintenant l'une ou l'autre. Nous ne demandons jamais la paix à nos ennemis. Si vous aimez vos femmes & vos enfans, recevez ce collier de Wampum (2)

---

(1) Ont fait la paix avec les Virginiens.

(2) Le Wampum est une espèce de grain de chapelet, oblong, percé dans sa longueur, fait avec une espèce de coquillage appellé *Clam*. Ce grain est très-dur, & point sujet à se casser, comme celui du jais & autres; c'est ce qui le rend précieux, & fort cher, au point que deux ou trois rangs d'une longueur médiocre coûtent souvent

que je vous présente. Rendez-moi mes

---

200 piastres. Il y en a de quatre couleurs; le blanc, le bleu, le noir & le mélangé. On le fabrique dans les Etats-Unis seulement, & principalement à Albany, dans l'Etat de New-Yorck. On enfile ces grains comme ceux des chapelets. On appelle *branches de Wampum*, quatre ou cinq fils, ou petites lanières de peaux, d'environ un pied de long, où sont enfilés les grains de Wampum. On fait des colliers avec ces branches assujetties par des fils : ils ont quatre, cinq, six ou sept rangées de grains, & tous d'une longueur proportionnée à l'importance de l'affaire qu'on veut traiter. Les Sauvages recherchent beaucoup le Wampum. Quand ils ont quelque chose d'important à traiter, soit avec les autres Nations sauvages, soit avec les Blancs, soit même entre eux, ils donnent & reçoivent des branches & des colliers de Wampum, comme un témoignage de leur bonne foi. Par le mélange des grains de différentes couleurs, on y forme telle figure & tel caractère que l'on veut; ce qui sert souvent à distinguer les affaires dont il est question. Ces colliers se conservent avec soin, & non-seulement ils composent en partie le Trésor public de ces Peuples, mais ils sont encore comme les Registres & les Annales, que doivent étudier ceux qui sont chargés des Archives, lesquels sont déposés dans la Cabane du Chef. Charlevoix, Histoire de la Nouvelle France, Tome V, page 308, parle du Wampum sous le nom de Porcelaine du Canada. Le Page du Pratz, Histoire de la Louisiane, Tome II, page 196, lui donne le nom de Rassade.

hommes que vous avez dans vos villages, & les chevaux que vous leur avez enlevés à Kentucke. Vos champs enfemencés n'ont jamais été ravagés par le Long-Couteau. Vos femmes & vos enfans ont vécu paifiblement dans leurs maifons, tandis que vos Guerriers tuoient & voloient nos hommes. Tout cela, vous le favez, eft la vérité. C'eft pour la dernière fois que je vous parle. J'ai attendu fix lunes pour vous entendre parler, & pour obtenir mes hommes de vous. Dans dix-huit nuits je quitterai la Wabash, pour aller voir mon Grand Chef aux Chûtes de l'Ohio, où il fera charmé d'entendre de votre propre bouche ce que vous avez à lui dire. Voilà du tabac que je vous donne : fumez, & confidérez ce que je vous ai dit.

Alors il remit un collier de Wampum bleu & blanc, & dit : Piankashaw, parle, parle aux Américains.

Le Chef des Piankashaws répondit en ces mots.

Mon Grand Père le Long-Couteau,

Vous avez été plufieurs années parmi

nous. Vous avez éprouvé bien de mauvais traitemens de notre part. Cependant nous espérons que vous aurez pitié de nous, de nos femmes & de nos enfans. Le jour est beau : le soleil brille sur nous, & les bonnes nouvelles de la paix paroissent sur votre face. Ce jour, mon père, ce jour est un jour de joie pour les Indiens Wabashs. Tous vous parlent aujourd'hui par ma bouche. Nous n'avons tous qu'un même cœur.

Nous acceptons votre collier de Wampum. Nous remercions Dieu de ce que vous nous avez accordé ce que nous desirions depuis long-temps, la paix avec les Hommes Blancs. Mon Père, nous avons souvent tenu conseil avant que vous nous connussiez ; & vous savez combien quelques-uns de nous avoient souffert auparavant.

Nous avons reçu le tomahawk de l'Anglois. La pauvreté nous y a forcés : nous étions excités par d'autres Nations : nous en sommes bien fâchés. Nous rassemblerons aujourd'hui les os de nos amis qui ont été dispersés sur la terre : nous les enterrerons dans une fosse. Nous plantons ainsi l'arbre de paix, afin que Dieu puisse en étendre les branches, de manière que nous puissions tous y être à l'abri du mauvais temps. Nous fumons comme des frères dans le Calumet de Paix (1), que

---

(1) Le Calumet de Paix est un tuyau de canne de roseau, long au moins d'un pied & demi, & de trois pieds au plus, garni d'une peau du col d'un canard branchu, dont le plumage, de diverses couleurs, est très-beau, & à l'extrémité duquel est une pipe de marbre rouge, blanc ou noir. A cette même extrémité est attaché une espèce d'évantail en forme de quart de cercle, fait de plumes d'aigle blanc, qui est parmi les Sauvages le symbole de la paix & de l'amitié : au bout de chaque plume est une houpe de poil teint en rouge éclatant ; l'autre extrémité du tuyau est à nud pour pouvoir fumer. On peut aller par-tout sans crainte avec ce Calumet, n'y ayant rien de plus sacré parmi ces Peuples. L'usage est de fumer dans le Calumet, quand on l'accepte ; & il est peut-être sans exemple qu'on ait jamais violé l'engagement que l'on a pris par cette acceptation. Voyez dans *l'Histoire de la Louisiane*, Tome I, page 108, la Cérémonie du Calumet de Paix.

Il y a aussi le Calumet de Guerre : il est de la même matière & de la même figure que le Calumet de Paix, à l'exception des plumes qui sont celles d'un oiseau aqua-

nous vous préfentons. Voilà, ô mon Père, la pipe qui nous donne la joie. Fumez-y vous-même. Nos Guerriers font charmés que nous vous la préfentions. Vous le voyez, mon Père, nous avons enterré le tomahaw : nous formons à préfent une chaîne d'amitié qui ne fera jamais rompue; & maintenant, comme ne faifant plus qu'un feul peuple avec vous, nous fumons dans votre pipe. Mon Père, nous favons que Dieu étoit fâché contre nous, parce que nous enlevions vos chevaux, & faifions du mal à vos hommes : il nous a envoyé tant de neige & tant de froid, qu'il a tué lui-même tous vos chevaux & les nôtres auffi.

Nous fommes maintenant un pauvre Peuple. Dieu, nous l'efpérons, nous foutiendra; & notre Père, le Long-Couteau, aura pitié de nos femmes & de nos enfans. Vos hommes, qui font parmi nous, mon

---

tique, que l'on nomme *Flamant*. Le tuyau de ce Calumet eft couvert de la peau du col d'un Carancro, qui eft auffi noir qu'un Merle, fymbole de la Guerre. *Idem*, Tome II, page 418. *Calumet* eft un mot Normand, qui veut dire *Chalumeau*.

Père, se portent bien : nous les rassemblerons tous quand ils reviendront de la chasse. Ne soyez point inquiet, mon Père; tous les prisonniers faits à Kentucke sont vivans & en santé : nous les aimons ; & nos jeunes femmes les aiment aussi.

Quelques-uns des vôtres raccommodent nos fusils, & d'autres nous disent qu'ils peuvent faire du rum avec des grains : nous les regardons maintenant comme s'ils étoient de notre Nation. Dans une lune, nous irons avec eux chez leurs amis à Kentucke. Quelques-uns des vôtres iront avec Costea, un des Chefs de notre Nation, pour voir notre Grand-Père, le Long-Couteau, aux Chûtes de l'Ohio.

Mon Père,

Puisque c'est aujourd'hui le jour de la joie pour les Indiens Wabashs, nous vous demandons une petite goutte de votre lait (1), pour faire voir à nos Guerriers qu'il vient de votre propre sein. Nous sommes nés & élevés dans les bois ; nous

---

(1) Du rum.

ne pouvons jamais apprendre à faire le rum. Dieu a fait les Hommes Blancs les maîtres du monde : ils font tout ; & nous, nous aimons tous le rum.

Alors ils donnèrent trois branches de Wampum bleu & blanc, & le Calumet de paix.

Furent présens à l'Assemblée,

 Muskito,
 Le Capitaine Beaver,
 Woods & Burning,
 Badtripes,
 Antia,
 Montour,
 Costea,
 Grand Court,

avec plusieurs autres Chefs & Capitaines de guerre, & les principaux Habitans du Poste Saint-Vincent.

DES INDIENS OU SAUVAGES.

On compte vingt-huit différentes Nations de Sauvages à l'est du Mississipi, & à l'ouest de l'Ohio. En voici le nom & la position.

Les Cherokees (1) sont les plus voisins de Kentucke; ils habitent sur la rivière Tenèse, près des embouchures de la Clench, de l'Holstein, de la Nolachucke & de la French-Broad, lesquelles forment la Tenèse ou la Cherokee, dans l'intérieur de la Caroline septentrionale, à deux cent milles de Kentucke.

Les Chicamawgees sont à environ quatre-vingt-dix milles au-dessous des Cherokees, sur la Tenèse, dans un lieu nommé

---

(1) Les Chéraquis, ainsi que nous les nommons dans notre langue.

Chicamawgee, qui veut dire Pot bouillant, à cause qu'il y a là sur la rivière un tournant dangereux pour les bateaux.

Le Dragomonough : un Chef des Cherokees avec soixante hommes, se sépara de cette Nation, & forma cette Tribu des Chicamawgees

Les Cheegees, & les Indiens de Middle-Settlement sont établis environ cinquante, & quatre-vingt milles au sud des Cherokees. Ces trois Nations, descendues des Cherokées, parlent le même langage.

Les Chicasaws sont à cent milles au nord-ouest de notre établissement de French-Lick (1), qui est sur la rivière Cumberland; ils habitent vers les sources d'une rivière appellée Tombèche, qui coule dans la baie de la Mobile.

Les Choctaws (2) sont à quatre-vingt milles au sud des Chicasaws, sur la même rivière de Tombèche.

Les Creeks habitent à cent soixante

---

(1) Saline Françoise.
(2) Autrement nommés *Chactas*.

milles au sud des Choctaws, sur la rivière Apalache, qui coule dans le golfe du Mexique, à quelque distance à l'est de la baye de la Mobile.

Les Uchées sont établis sur quatre lieux différens, à la source de la rivière de Saint-Jean, aux fourches de Sainte-Marie, à la source de la Cannuchée, & celle de Saint-Tillis, rivières qui naissent sur les frontières de la Georgie, & se jettent séparément dans l'Océan.

Les Cataubas sont établis dans la Caroline du nord, à environ deux cens milles de Charles-Town, dans la Caroline méridionale.

Ces neuf Nations sont à l'est du Mississipi. Les Nations suivantes sont à l'ouest de l'Ohio.

Les Delawares habitent sur la rivière Miskingum, qui se jette dans l'Ohio cent quatre-vingt-sept milles au-dessus de la Sciotha.

La Nation Mingo habite sur une branche
nord-ouest

nord-ouest de la Sciotha, comme on peut le voir sur la Carte.

Les Wyandotrs habitent les bords de la rivière Sandusky, qui se jette dans le lac Erié.

Les six Nations ont leurs établissemens sur les rivières qui se jettent dans le lac Ontario, & viennent des montagnes où l'Ohio & la Susquehannah ont leur source.

Les Shawanèses occupent cinq bourgades sur les bords de la petite & de la grande Miami, comme on le voit sur la Carte.

Les Gibbaways sont à l'est de la rivière du Détroit, & à l'opposite du Fort de ce nom. Cette rivière coule du lac Huron dans le lac Erié; elle a trente-six milles de long: le Fort est sur le bord occidental de la rivière, à une distance égale des deux lacs.

Les Hurons habitent à six milles des Gibbaways, vers le lac Huron, & sur le même côté de la rivière du Détroit.

Les Tawaws sont à dix-huit milles des

Hurons, sur la rivière Mawmee ou Omee (1), qui se jette dans le lac Erie.

Il y a une petite Tribu de Tawaws établie dans un lieu appellé les Rapides, un peu plus haut sur la même rivière que les précédens.

Les Mawmees (2) sont deux cens quarante milles plus haut sur cette rivière, vers un endroit qu'on nomme Rosedebeau.

Les Piankashaws habitent à environ cent soixante milles des Mawmees, sur la rivière Wabask.

Les Vermilions environ soixante milles plus haut, & les Wyahtinaws trente milles encore plus haut sur la même rivière.

La rivière Wabask naît à peu de distance de la rivière Mawmee, & courant dans une direction contraire, se jette dans l'Ohio trois cens dix-huit milles au-dessous des Chûtes.

Les Indiens de Long-Isle ou Isle-River,

---

(1) C'est la rivière des Miamis.
(2) Les Miamis.

habitent sur l'Isle ou Rivière Blanche, qui se jette dans la Wabask.

Les Kickapoos ont leurs habitations sur une branche de la rivière Mawmée, au-dessus des précédens.

La Nation Ozaw (1) est établie sur la rivière du même nom, qui coule dans le Mississipi.

La Nation Kakasky (2) est sur le Mississipi, deux cens milles au-dessus des Ozaws.

Les Illinois habitent sur la rivière Illinois qui se jette dans le Mississipi.

Et les Poutawottamies, près de Saint-Joseph, Poste situé sur une branche de l'Illinois.

Les Sioux & les Renards sont voisins du Fort de Michillimackinac, sur le lac Michigan.

Telles sont les principales Nations établies dans les limites des Etats-Unis. En

---

(1) Ou Osages.
(2) Ou Kaskasquias.

fuppofant chaque Nation ou Tribu compofée de fept cent individus, leur nombre en tout fera de vingt mille ames, & par conféquent ces Nations pourront fournir environ quatre à cinq mille guerriers.

Les Sçavans ont formé divers fyftêmes fur la manière dont cet immenfe continent a pu être peuplé. Il n'y a peut-être pas une feule Nation dans le monde à qui l'on n'ait point attribué l'origine des Américains; & il s'eft trouvé des Auteurs qui, défefpérant de dénouer le nœud, n'ont pas fait difficulté de le couper, en fuppofant que la même puiffance qui a fourni de plantes l'Amérique, l'a auffi peuplée d'hommes, ou qu'au moins fa population eft due à un petit nombre d'hommes échappés au déluge univerfel dans ce Continent, comme il en eft échappé dans l'autre. Cette queftion étant plus curieufe qu'utile, & fa nature n'admettant pas un grand degré de certitude, parce que tout ce qui s'eft paffé en Amérique, avant l'arrivée des Européens, eft plongé dans la plus obfcure nuit, excepté quelques foibles traditions qui répandent un peu de lumière fur les deux

Empires du Mexique & du Pérou, l'espace d'environ deux cent ans au plus avant cette époque; nous ne toucherons ce sujet qu'en passant, & seulement pour donner une idée de quelques découvertes modernes, qui semblent confirmer la probabilité de certains systêmes anciens. La grande ressemblance, ou, pour mieux dire, l'identité du physique & du moral des Américains & des Tartares du nord-est de l'Asie, & en même temps la présomption, dans laquelle les Savans ont été pendant long-temps, que l'Asie & l'Amérique étoient jadis unies, ou qu'au moins elles n'étoient séparées que par un bras de mer fort étroit, ont fait pencher les plus sensés dans l'opinion que la vraie origine des Américains est due à cette partie de l'Asie. Les mers immenses qui séparent les deux Continens des deux côtés, ne permettent guère de croire qu'une Colonie ait jamais pu les traverser avant la découverte de la Boussole. L'ingénieux M. de Buffon a aussi remarqué, & sa remarque paroît juste, qu'il n'y a point d'autres animaux habitans également les deux Continens, que ceux qui peuvent supporter les glaces du Nord. Ainsi il n'y a en Amérique ni éléphans, ni lions, ni tigres, ni chameaux; mais on y voit des ours, des loups, des cerfs, & des élans en quantité, & absolument semblables à ceux de l'autre hémisphère. Cette hypothèse, qui a fait fortune depuis qu'elle a paru, vient d'être élevée presque jusqu'à l'évidence par les dernières découvertes du Capitaine Cook. Cet illustre & infortuné Navigateur, dans son dernier voyage, a pénétré fort au loin dans le détroit qui sépare l'Asie de l'Amérique, lequel n'a que six lieues (1) de large dans sa partie la plus étroite, & qui par conséquent peut être facilement traversé par des canots. Nous pouvons donc conclure maintenant, qu'on ne pourroit porter plus loin les recherches sur l'origine des tribus Américaines.

Cependant, après tout, on ne peut regarder comme impossible que diverses Nations, par un naufrage ou autrement,

---

(1) L'Auteur se trompe, en assurant que le bras de mer qui sépare l'Asie de l'Amérique n'a que six lieues de large : cet espace est de treize lieues, comme on peut le voir dans le dernier voyage de Cook.

puissent avoir contribué, de quelque manière, à la population de ce Continent. Ainsi les Carthaginois, qui avoient plusieurs établissemens sur les côtes d'Afrique, hors du détroit de Gibraltar, & qui poussèrent leurs découvertes sur ces côtes, jusqu'aux lieux où les deux Continens se rapprochent le plus, ont pu avoir été jettés par la tempête sur les côtes de l'Amérique, & les Navigateurs, ne voyant pas de la possibilité à retourner chez eux, s'être incorporés avec les anciens habitans, ou avoir formé de nouveaux établissemens, & faute d'instrumens nécessaires pour exercer les arts qu'ils savoient, être tombés dans l'état de barbarie. En effet, quelques Écrivains anciens (1) donnent lieu de supposer qu'il y avoit en Amérique des colonies Carthaginoises, & que la communication entre les deux Continens, après avoir duré quelque temps, fut interrompue par ordre du Sénat. Mais il est difficile de

---

(1) Nous croyons faire plaisir aux Lecteurs, en citant quelques passages d'Auteurs anciens qui semblent avoir connu l'Amérique : mais, pour ne pas surcharger le texte de Notes, nous les renvoyons à la fin.

H iv

concevoir qu'un peuple, établi avec toutes les choses nécessaires & convenables à leur situation, puisse jamais déchoir d'un si haut degré de culture, où étoient parvenus les Carthaginois, dans une ignorance totale des arts les plus nécessaires : & par conséquent il paroît probable que si cette Nation a jamais eu de telles Colonies, elles doivent avoir été détruites par les Naturels, & tous leurs vestiges effacés.

Vers le neuvième & dixième siècle, les Danois étoient les plus grands Navigateurs du monde. Ils découvrirent & peuplèrent l'Islande, & en 964 ils établirent une Colonie dans le Groënland. Les anciennes chroniques Islandoises, au rapport de Mallet, contiennent une relation de quelques Islandois, qui, à la fin d'une guerre malheureuse, se retirèrent dans le Groënland, & de-là à l'ouest, dans un pays couvert de vignes, que, pour cette raison, ils nommèrent Vinland, *Terre de Vin*.

Les aventuriers retournèrent chez eux, d'où ils emmenèrent une Colonie dans le pays nouvellement découvert ; mais des troubles s'étant élevés en Danemark, toute communication avec le Groënland, ainsi qu'avec le Vinland, cessa, & ces contrées demeurèrent inconnues au reste du monde pendant plusieurs siècles. On doit, sans doute, trouver les restes de cette Colonie sur les côtes du Labrador, chez les Esquimaux. La couleur de leur peau, leur corps velu, leur barbe épaisse, sans compter la différence des mœurs, désignent une origine totalement distincte de celle des autres Indiens.

L'an 1170 Madoc, fils d'Owen Gwynnedh, Prince de Gales, mécontent de la situation des affaires de son pays, abandonna sa patrie, comme le rapportent les Historiens Gallois, pour chercher de nouveaux établissemens, & laissant l'Irlande au nord, il avança à l'ouest, jusqu'à ce qu'il découvrît une contrée fertile, où ayant laissé une Colonie, il retourna chez lui, persuada à plusieurs de le suivre, partit de nouveau avec dix navires, sans qu'on ait entendu parler de lui depuis cette époque.

Ce récit a plusieurs fois excité l'attention

des Sçavans; mais comme on n'a point trouvé de vestiges de ces émigrans, on a conclu, peut-être trop légèrement, que c'étoit une pure fable, ou au moins qu'il n'existoit aucune trace de cette Colonie. En dernier lieu néanmoins, les Habitans de l'ouest ont souvent entendu parler d'une Nation habitant à une grande distance sur le Missouri, semblable aux autres Indiens par les mœurs & l'extérieur, mais parlant la langue Galloise, & conservant quelques cérémonies de la Religion Chrétienne; ce qui, à la fin, a été regardé universellement comme un fait constant.

Le Capitaine Abraham Chaplain, de Kentucke, homme sur la véracité duquel on peut compter, a assuré l'Auteur que dans la dernière guère, étant avec sa Compagnie en garnison à Kaskasky, il y vint quelques Indiens, qui parlant la langue Galloise, furent parfaitement entendus de deux Gallois qui étoient dans sa Compagnie, avec lesquels ils conversèrent beaucoup, & qu'ils leur parlèrent de leur Nation d'une manière parfaitement conforme à ce qu'en rapportent les Habitans de l'ouest.

L'Auteur n'ignore pas le ridicule que certaines perfonnes vaines & bouillantes pourront jetter fur ces récits ; mais comme la vérité feule a guidé fa plume, peu lui importe ce qu'on dira, & il fe flatte qu'en excitant de nouveau la curiofité du Public fur ce fujet, il pourra donner occafion de faire des recherches plus exactes pour découvrir la vérité. Ces recherches renverferont peut-être le fyftême établi fur le récit des Hiftoriens Gallois ; mais d'un autre côté, elles auront cela d'utile qu'elles étendront les découvertes, & nous donneront une connoiffance plus parfaite de cet immenfe Continent.

Il exifte à Kentucke d'anciennes ruines qui femblent prouver que ce Pays fut autrefois habité par une Nation beaucoup plus avancée dans les Arts utiles que les Indiens. Elles font généralement attribuées aux Gallois, qu'on fuppofe y avoir jadis habité ; mais qui, ayant été chaffés par les Naturels, furent forcés de chercher un réfuge près des fources du Miffouri.

Il eft reconnu qu'aucune Nation Indienne n'a jamais employé la méthode de se défendre par des retranchemens, & même un pareil ouvrage n'auroit pas été facile à exécuter, lorsque ces Nations ne connoissoient pas l'usage du fer.

Dans le voisinage de Lexington on voit les restes de deux anciennes fortifications, garnies de fossés & de bastions. L'une embrasse six acres de terrein, & l'autre environ trois. Elles sont maintenant couvertes d'arbres qui, par le nombre des cercles qu'on voit dans le bois, paroissent avoir au moins cent soixante ans. On a aussi trouvé, en creusant la terre près de Lexington, des morceaux de poterie, sorte de manufacture inconnue aux Indiens (1).

Les sépulchres souterrains mentionnés ci-dessus à l'article curiosités, fournissent

---

(1) Le Page du Pratz assure pourtant que les Sauvages connoissent l'art de la Poterie. Ce sont les femmes qui sont chargées de ce travail, selon cet Auteur: elles font des pots d'une grandeur extraordinaire, des cruches avec une médiocre ouverture, des gamelles, des bouteilles de deux pintes à long col, des pots ou cruches à mettre de l'huile d'ours, qui tiennent jusqu'à quarante pintes. Voyez *l'Histoire de la Louisiane*, Tome II, page 178.

une autre preuve assez forte que ce pays a été autrefois habité par un Peuple différent des Indiens actuels. Quoique ces monumens n'annoncent pas un art extraordinaire dans leur structure, néanmoins comme plusieurs Nations conservent avec le plus grand soin leurs anciennes coutumes, il seroit peut-être important de s'assurer si ces lieux dépositaires des morts n'ont pas une grande ressemblance avec les anciennes ruines de l'Angleterre.

Des Antiquaires Ecossois font mention de quelques édifices qui, si je ne me trompe, ressembloient à ces tombeaux. Mais c'est assez m'éloigner de mon objet, & hasarder des conjectures incertaines. Un jour viendra, & il n'est pas loin, que les retraites les plus écartées de ce Continent seront connues, & le récit des Gallois démontré jusqu'à l'évidence, ou plongé dans la nuit de l'oubli, qui a déja enseveli tant de systêmes fondés sur des preuves aussi plausibles que celles-ci.

Portrait des Naturels, leur habillement & leur parure.

Les Sauvages ne sont pas nés blancs, &

ils se donnent bien de la peine pour brunir leur peau, en se frottant de graisse, & en s'exposant aux rayons du soleil. Ils se peignent (1) aussi le visage, la poitrine & les épaules de diverses couleurs, mais plus communément de rouge. Leurs traits sont beaux, principalement ceux des femmes; leur taille d'une moyenne grandeur; leurs membres bien proportionnés & droits; à peine en trouve-t-on un parmi eux qui soit bossu, ou contrefait. Ils se piquent sur plusieurs parties de leur corps, & ils y empreignent de très-jolies figures avec de la poudre à canon (2). Ils coupent leurs

---

(1) Les Guerriers se peignent, lorsqu'ils se mettent en campagne, pour intimider leurs Ennemis, peut-être aussi pour cacher leur peur; car il ne faut pas croire qu'ils en soient tous exempts. Les jeunes gens le font pour couvrir un air de jeunesse, qui les feroit moins estimer des vieux Guerriers, ou la paleur qui leur seroit restée d'une maladie, & qu'ils craindroient qu'on ne prît pour un effet de leur peu de courage: ils le font encore pour se rendre plus beaux; mais alors les couleurs sont plus vives & plus variées. On peint aussi les Morts, & les Prisonniers destinés à la mort. Charlevoix, *Histoire de la Nouvelle France*, Tome VI, page 41.

(2) Voici comment se fait cette opération. Ils attachent sur un bois plat six aiguilles, trois à trois bien

DE KENTUCKE. 127

cheveux (1), & ne laissent qu'une touffe vers la partie supérieure de la tête, qu'ils ornent de belles plumes, de grains de chapelet, de Wampum, & autres colifichets. Leurs oreilles s'étendent jusqu'aux épaules; & pour les faire venir à ce point, ils les fendent vers le bas, & y passent des fils de fer,

---

serrées, ensorte que la pointe ne passe pas d'une ligne; ils tracent le dessein de la figure avec un charbon ou braise, ensuite ils piquent la peau; quand ils en ont deux doigts de long, ils frottent l'endroit avec de la poudre fine de charbon ou de la poudre à canon : cette poudre s'imprime si fortement sur les piqûres, qu'elles ne s'effacent jamais. *Histoire de la Louisiane*, tome XI, page 199.

(1) Les Naturels coupent leurs cheveux en rond avec une couronne, comme les Capucins, & ne laissent de cheveux longs que pour faire une cadenette cordelée, grosse comme le petit doigt, tout au plus, & qui pend sur l'oreille gauche : cette couronne est à la même place, & presqu'aussi grande que celle d'un Religieux : au milieu ils laissent environ deux douzaines de cheveux longs pour y attacher des plumes. Cet endroit de la couronne n'est point épilé (ou arraché), mais il est coupé ou brûlé avec du charbon ardent. Il n'en est pas de même du poil des aisselles & de la barbe, qu'ils ont grand soin d'épiler, afin qu'ils ne reviennent plus, ne pouvant souffrir qu'aucun poil paroisse sur leur corps. *Histoire de la Louisiane*, Tome II, page 198.

en forme de tire-bourre, dont le poids les allonge prodigieusement; & ils les surchargent en outre de pendans, d'anneaux, de grelots d'argent, qu'ils pendent aussi à leurs narines. Quelques-uns ont une grande plume passée à travers le cartilage du nez; & ceux qui en ont le moyen, portent un collier de Wampum, une plaque d'argent sur la poitrine, & des bracelets aux bras & aux poignets. Un morceau de toile vers le milieu du corps; une chemise de façon Angloise, sur laquelle ils mettent une infinité de pendans pour l'orner; une sorte de guêtres de toile, & de souliers (1) d'une forme particulière aux Indiens, & ornés

---

(1) Les souliers, appellés *Mockasons*, sont de peau de Chevreuils; ils joignent autour du pied comme un chausson qui auroit la couture par-dessus; la peau est coupée trois doigts plus longue que le pied, & le soulier n'est cousu qu'à la même distance du bout du pied, & tout le reste est plissé sur le pied; le derrière est cousu comme aux chaussons; mais les quartiers sont de huit à neuf pouces de haut; ils font le tour de la jambe; on les joint pardevant avec une courroie de peau d'ours, qui prend dès la cheville du pied, & font ainsi le brodequin. Ces souliers n'ont ni semelles ni talons; ceux des hommes & des femmes sont les mêmes. *Histoire de la Louisiane*, Tome II, page 195.

de

de hérissons de porc-épics, avec une couverture, ou une espèce de manteau par-dessus tout, complettent leur habillement en temps de paix; mais quand ils vont en guerre, ils laissent là leurs colifichets, & ne se servent plus que de ce qui leur est nécessaire (1). Il n'y a d'autre différence entre l'habillement des hommes & celui des femmes, que dans un petit jupon, que portent ces dernières, dont quelques-unes sont encore distinguées par des cheveux très-noirs, longs, & liés derrière la tête. Excepté la tête & les sourcils, ils ont grand soin d'arracher le poil de toutes les parties du corps, & sur-tout des parties naturelles.

Leurs armes de guerre sont le fusil, l'arc & la flèche; le dard, le couteau pour faire la chevelure, & le casse-tête ou tomahawk (2). Ce dernier instrument est une

(1) Ils n'ont alors pour tout vêtement qu'une ceinture, où passe le brayer, & où pendent les sonnettes, les grelots & les coloquintes : ils y mettent aussi le casse-tête. *Histoire de la Louisiane*, tome II, page 420.

(2) Les Sauvages ont encore le bouclier. Il est fait de deux morceaux de cuir de bœuf, ronds, joints ensemble, d'un pied & demi de diamètre. *Histoire de la Louisiane*, tome II, page 420.

des pièces les plus utiles de leur bagage : il leur fert de hache, de pipe, & d'épée. Ils font très-experts à le lancer, & tuent leur ennemi à une diftance confidérable. Il n'y a pas dans le monde de meilleurs tireurs ; ils tuent les oifeaux à la volée, les poiffons à la nage, & les bêtes fauves à la courfe.

Génie.

Les Indiens ne font pas auffi ignorans que quelques-uns le fuppofent ; mais ils font très-intelligens, intrépides, prompts dans l'exécution, fouples dans les affaires, inventifs & induftrieux ; doux & aimables envers ceux qu'ils croient leurs amis ; mais implacables dans leur inimitié, ne trouvant de vengeance complette, que dans l'entière deftruction de leurs ennemis. Ils font robuftes, fupportant la chaleur, le froid, la faim & la foif d'une manière étonnante ; & néanmoins il n'y a pas de peuple qui fe livre plus aux excès dans le boire & le manger, quand ils en trouvent l'occafion. Les folies, ou plutôt les défordres qu'ils commettent, quand ils font pris de vin, n'ont point de fuites fâcheufes ; & aucun d'eux ne voudroit venger une injure, le meurtre excepté, faite par celui qui a perdu la raison. Parmi eux, tous les hommes sont égaux, les qualités personnelles étant seules estimées. Aucune distinction de naissance, ni de rang, ne met personne dans le cas de faire tort aux autres; & il n'y a point de prééminence de mérite qui puisse engendrer l'orgueil, & faire sentir aux autres leur infériorité. Quoiqu'il y ait peut-être moins de délicatesse de sentiment chez les Indiens que parmi nous, il y a pourtant parmi eux beaucoup plus de probité, infiniment moins de cérémonies, ou de complimens équivoques. Leurs Conférences publiques montrent qu'ils ne sont point sans génie, & qu'ils possèdent le talent naturel de l'éloquence (1) à un degré supérieur.

Ils vivent dispersés dans de petits villages, soit dans les bois, soit sur les bords des rivières, où ils ont de petites plantations de grains du pays, & de racines, qui suffisent à peine pour nourrir leurs familles la moitié de l'année; pendant les six autres mois,

(1) On en peut juger par les harangues rapportées dans les Additions, & par celle du chef des Piankashaws.

ils subsistent du produit de la chasse, de la pêche, & des fruits de la terre, qui croissent en abondance & sans culture.

Leurs huttes (1) sont ordinairement faites de branches d'arbres, & couvertes d'écorces, ayant chacune une cheminée, & une porte qu'ils ferment avec un cadenat.

Le vieux Chelicothe est bâti comme les Postes ou Forts de Kentucke, dont la forme est un parallélogramme, ou quarré long ; & quelques-unes de ses maisons sont couvertes de bardeaux. Un long bâtiment, qui sert aux Assemblées, s'étend dans toute la longueur de la Ville : c'est là que le Roi & les Chefs de la Nation s'assemblent fréquemment, & délibèrent sur toutes les affaires importantes, civiles ou militaires.

Quelques-unes de leurs huttes sont une espèce de charpente dressée sur des fourches,

---

(1) *Wigwhams*, cabanes des Sauvages, très-ingénieusement faites avec de l'écorce de bouleau : elles sont élevées de sept pieds, arrondies vers le toît, dans le milieu duquel il y a un trou pour laisser passer la fumée : leur longueur dépend du nombre de la famille qui l'occupe. *Lettres d'un Cult. Améric.*, tom. 2, pag. 382.

& revêtue d'écorces d'arbres : d'autres sont faites de roseaux, & entourées de nattes. Le feu est au milieu de la cabane, & la fumée s'échappe par une petite ouverture pratiquée au toit. Leurs tables & leurs lits sont des nattes faites de roseaux, liés ensemble avec des cordes qu'ils font passer au travers. Ils couchent ordinairement sur une peau de bête fauve, & s'asseient par terre. Ils ont des marmites & des pots de cuivre pour faire cuire leurs alimens : des citrouilles, ou calebasses, coupées en deux, leur servent de sceau, de coupes & de plats.

Religion & Mœurs.

Les récits des Voyageurs concernant la Religion des Sauvages ne s'accordent guère ; & quoiqu'on ne puisse absolument assurer qu'ils n'en ont aucune, cependant il faut avouer qu'il est bien difficile de définir quelle est la leur. Tous conviennent qu'ils reconnoissent un Dieu suprême, mais qu'ils ne l'adorent pas. Ils ne l'ont pas vû ; ils ne le connoissent pas, & pensent qu'il est trop éloigné d'eux, & trop heureux en lui-même, pour s'occuper des affaires frivoles des pauvres mortels. Ils paroissent aussi croire une vie future; & ils pensent qu'après la mort ils iront retrouver, dans une espèce d'Elysée ou de Paradis, leurs amis qui sont morts avant eux.

Les Wyandotts, près la rivière Détroit, & quelques autres, ont connoissance de la Religion Catholique Romaine, introduite chez eux par les Missionnaires. Ils ont une Eglise, un Prêtre, & un Cimetière en règle. Plusieurs d'eux paroissent zélés, & disent des prières dans leurs familles. Ceux-ci, par leurs relations avec des peuples blancs, sont un peu civilisés; civilisation qui doit nécessairement précéder l'adoption du Christianisme.

Les Shawanèses, les Cherokees, les Chickasaws, & quelques autres se mêlent fort peu de religion. D'autres se livrent à leur ancien culte superstitieux pour les objets de leur amour & de leur haine, & sur-tout pour les êtres qu'ils craignent le plus, & que pour cette raison nous nommons en général *Esprits malins* ; mais en même temps on sait qu'ils adressent des prières au Soleil, & à d'autres Divinités bienfaisantes inférieures, pour obtenir un heureux succès dans leurs entreprises, une abondante nourriture, & autres choses nécessaires à la vie.

Ils ont leurs fêtes & autres jours de réjouissances, pendant lesquels ils chantent & dansent en rond, se prenant par les mains, & tellement peints & déguisés, qu'il est difficile de les distinguer l'un de l'autre; après la danse il se rassemblent dans un endroit où ils ont préparé un festin qui consiste en poissons, viandes, volailles & fruits; tous y sont invités, & l'on y chante plusieurs chansons. Ils pensent que ces festins sont très-salutaires aux malades. Ainsi quand quelqu'un tombe malade, on tue un chevreuil, on le fait bouillir; on invite les amis & les voisins, & après avoir jetté du tabac dans le feu, qu'ils couvrent entièrement, ils s'asseyent par terre autour du feu, & poussent un cri lamentable. Ensuite ils découvrent le feu, le rallument, & font passer la tête du chevreuil, dont chacun prend un morceau en faisant une espèce de croassement semblable à celui de la corneille. Après cela ils se mettent à manger le chevreuil en chantant des airs harmonieux & mélancoliques, genre dans lequel leur musique excelle.

Quand ils ont perdu quelques-uns de leurs Guerriers dans le combat, ils font de grandes lamentations, à mesure qu'ils approchent de leurs Bourgades, & ils en conservent long-temps le souvenir.

Quelques Nations abhorrent l'adultère, n'admettent point la pluralité des femmes, & ne commettent pas de vols. Mais il y en a d'autres qui ne sont pas si scrupuleux sur ces articles. Chez les Chickasaws un mari peut couper le nez à sa femme si elle est coupable d'adultère; mais les hommes jouissent d'une grande liberté à cet égard. Cette Nation ne souffre point de Chefs. Chez les Cherokees on coupe le nez & les oreilles à une femme adultère; après cela le mari la renvoie; & depuis cet instant elle ne peut refuser aucun des hommes qui se présentent. La fornication n'est point un vice chez eux, parce qu'ils regardent tous les hommes comme dans un état de liberté illimitée.

Les cérémonies de leurs mariages ne sont

pas longues ; le mari, devant des témoins, donne à l'épouse un pied de cerf, & celle-ci à son tour, lui présente une épi de bled, emblêmes de leurs devoirs mutuels.

Les femmes sont vraiment esclaves des hommes, chose ordinaire chez les Nations grossières & non policées : ils sont accusés d'être vindicatifs ; mais cette passion ne consiste qu'à se faire justice de ceux qui les outragent, & encore ne s'y livrent-ils que dans les cas de meurtre & d'adultère.

Leur Roi n'a pas le pouvoir de faire mourir quelqu'un de sa propre autorité, mais on livre ordinairement le meurtrier aux amis du mort pour en faire ce qu'ils voudront. Quand l'un d'eux en tue un autre, l'ami du mort le tue lui-même, ce qui occasionne une succession de meurtres, & fait répandre bien du sang, jusqu'à ce qu'enfin la querelle soit appaisée par des présens mutuels. La Royauté est héréditaire, mais son autorité extrêmement limitée. Il n'y a pas de Peuple qui soit un exemple plus frappant du malheur des hommes, quand ils n'ont pas de Gouvernement. Chaque Chef, quand il est offenfé, fe fépare de fa Tribu, va s'établir à une certaine diftance, d'où il commence des hoftilités contre fes propres compatriotes. Ces Chefs font prefque toujours en guerre l'un contre l'autre. Telle eft la condition ordinaire des Sauvages.

Quand ils font des prifonniers dans la guerre, ils font extrêmement cruels envers eux, & traitent ces malheureux avec tant de barbarie, que la mort leur eft cent fois préférable à une telle vie. Ils leur donnent une abondante nourriture, les chargent de fardeaux, & quand ils arrivent à leurs villages, ils leur font courir le gantelet (1). Dans ce fupplice, ils exercent tant de cruautés, qu'on croiroit impoffible que ces triftes victimes puiffent réfifter à ces tourmens. La plupart y périffent ; mais ceux qui furvivent font adoptés dans une famille, & traités avec une tendreffe pater-

---

(1) Ce fupplice confifte à faire paffer le patient au milieu d'une troupe de Sauvages, hommes, femmes & enfans, rangés fur deux lignes, & armés de tifons ardens, de couteaux, de tenailles & autres inftrumens, avec lefquels ils fe font un plaifir barbare de tourmenter le malheureux, à mefure qu'il paffe devant eux,

nelle ; & s'ils peuvent éviter le foupçon qu'ils fongent à s'échapper, ils jouiffent des mêmes priviléges que les naturels.

CONCLUSION.

Je terminerai cet Ouvrage par quelques obfervations fur l'heureufe pofition où fe trouvent les habitans de Kentucke, par la poffeffion d'un pays fi vafte & fi fertile.

Quatre chofes font néceffaires pour la félicité d'un pays ; fçavoir, un fol fertile, un air pur, de bonnes eaux, & un commerce actif. Kentucke pofsède tous ces avantages, excepté le dernier, à un degré fupérieur : & d'après ce que nous avons dit du commerce de l'oueft, nous concluons que celui de Kentucke égalera bientôt celui de toute autre partie du continent de l'Amérique, & que les inconvéniens auxquels il eft expofé, feront pleinement compenfés par la fertilité du fol.

Ce fertile territoire, fur qui la nature prodigue tous fes tréfors, où l'on trouve tous les matériaux néceffaires aux arts & à l'induftrie, habité par des citoyens vertueux & intelligens, doit attirer l'attention de tous les hommes, étant situé au centre du vaste Empire des Etats-Unis (1), où fleurissent l'Agriculture, l'Industrie, les Loix, les Arts & les Sciences; où l'humanité affligée élève son humble tête, où une moisson naît pour le pauvre; où la conscience cesse d'être esclave, & les Loix ne sont plus que la sécurité du bonheur; où la Nature fait sentir à l'homme la douceur de l'existence; où enfin le Gouvernement, si long-temps prostitué aux plus criminels projets, établit un asyle dans le désert pour l'humanité opprimée.

Heureux Colons! le récit du bonheur dont vous jouissez appellera dans votre pays tous les infortunés répandus sur ce globe, qui, ayant éprouvé l'oppression politique ou religieuse, y trouveront la délivrance de toutes leurs chaînes. Une multitude innombrable fuyant les lieux où régnent le despotisme & la tyrannie, se retirera chez vous; vous les accueillerez comme des amis & des frères; vous les

---

(1) On peut en voir les limites ci-après, conformément au deuxieme article du traité définitif.

accueillierez pour partager avec eux votre félicité. Que la mémoire de Lycurgue, ce Législateur de Sparte, qui bannit de sa République la cupidité & l'amour de l'or, vous soit toujours présente ; que le grand Locke, qui le premier prêcha la doctrine de la tolérance, que le vénérable Penn, le premier qui fonda une ville de frères ; enfin, que Washington, le défenseur & le protecteur de la Liberté persécutée, soient à jamais les modèles & les guides de votre conduite politique. Usez des bienfaits de la Nature & de la fertile contrée que vous habitez.

Que le fer de vos mines, la laine de vos troupeaux, le lin & le chanvre qui croissent dans vos champs, la peau des animaux sauvages qui errent dans vos bois, soient travaillés dans vos Manufactures, & acquièrent dans vos mains une valeur plus grande. Alors vous vous passerez des superfluités de l'Europe, & vous connoîtrez que le bonheur peut se trouver sans le commerce si universellement désiré par les hommes.

Dans ce pays, comme dans la terre promife, où coulent le lait & le miel de toute part, où ferpentent mille fources d'eaux pures qui fortent des vallées & des hauteurs, où croiffent en abondance l'orge & le froment, & toutes fortes de fruits; vous mangerez votre pain fans craindre la difette, & rien ne vous manquera. Vous n'y ferez point gelés par le froid perçant du Capricorne, ni brûlés par les chaleurs du Cancer; la température de votre air eft fi douce, que vous n'y éprouvez point les effets des brouillards mal fains, ni des vapeurs peftilentielles. Ainfi favorifé des doux fouris du ciel, votre pays deviendra fans doute la patrie du premier Peuple du Monde.

ARTICLE II
DU TRAITÉ DÉFINITIF,

Signé à Paris, le 3 Septembre 1783,

Qui détermine les limites des États-Unis.

ET afin de prévenir toutes disputes qui pourroient s'élever à l'avenir au sujet des limites desdits Etats-Unis, il est convenu & déclaré par les présentes, que ce qui suit est, & constituera leurs limites; savoir, depuis l'angle nord-ouest de la Nouvelle-Ecosse, c'est-à-dire l'angle formé par une ligne tirée exactement du nord, depuis la source de la rivière de Sainte-Croix jusqu'aux pays montagneux, le long des montagnes qui séparent les rivières qui se déchargent dans le fleuve Saint-Laurent, de celles qui tombent dans l'océan atlantique, à la source la plus nord-ouest de la rivière Conneticut; delà descendant le long du milieu de cette rivière, jusqu'au quarante-cinquième degré de latitude nord; delà, par une ligne exactement ouest par la même latitude, jufqu'à ce qu'elle parvienne à la rivière des Iroquois, ou Cataraquy; delà le long du milieu de ladite rivière, jufqu'au lac Ontario, traverfant le milieu dudit lac, jufqu'à ce qu'elle arrive à la communication par eau entre ce lac & le lac Erié; delà le long du milieu de ladite communication dans le lac Erié, traverfant le milieu dudit lac, jufqu'à ce qu'elle arrive à la communication par eau entre ce lac & le lac Huron; delà traverfant le milieu dudit lac, jufqu'à la communication par eau entre ce lac & le fupérieur; delà traverfant le lac fupérieur, au nord des Ifles Royales & Philippeaux, jufqu'au Long-Lac; delà au milieu dudit Long-Lac, & la communication par eau entre ce lac & le lac des Bois, audit Lac des Bois; delà traverfant ledit lac, jufqu'à la pointe la plus nord-oueft d'icelui; & de-là fuivant un cours directement oueft, jufqu'au fleuve Miffiffipi; de-là, par une ligne à tirer le long du milieu dudit fleuve Miffiffipi, jufqu'à ce qu'elle coupe la partie la plus au nord du trente-unieme degré de latitude feptentrionale; au fud, par une ligne à tirer directement eft de la détermination de la dernière ligne

ligne mentionnée, par la latitude du 31me degré au nord de l'équateur, jufqu'au milieu de la rivière Apalachiocola ou Catahouche; delà le long du milieu d'icelle, jufqu'à fa jonction avec la rivière Flint; delà, droit à la fource de la rivière de Sainte-Marie, & delà defcendant le long du milieu de la rivière Sainte-Marie, jufqu'à l'Océan Atlantique; à l'eft, par une ligne tirée le long du milieu de la rivière Sainte-Croix, depuis fon embouchure dans la baie de Fundy, jufqu'à fa fource, & depuis fa fource directement au nord, jufqu'aux fufdites montagnes qui féparent les rivières qui fe jettent dans l'Océan Atlantique, de celles qui tombent dans le fleuve Saint-Laurent, comprenant toutes les Ifles à vingt lieues de tout côté des rivages des Etats-Unis, & fituées entre les lignes à tirer exactement à l'eft, depuis les points où les fufdites limites entre la Nouvelle-Ecoffe d'une part, & la Floride occidentale de l'autre, toucheront refpectivement la Baye de Fundy & l'Océan Atlantique, excepté les Ifles qui font maintenant, ou ont été dans les limites de ladite Province de la Nouvelle-Ecoffe.

K

ADDITIONS.

DÉCLARATION DU CONGRÈS,

Concernant l'érection des nouveaux Etats dans les terres de l'Ouest.

Du 23 Avril 1784, *les Etats-Unis* étant assemblés en *Congrès*,

RÉSOLU,

Que toutes les terres cédées ou à céder par les Etats particuliers, aux Etats-Unis, déja acquises ou à acquérir des habitans Indiens, & mises en vente par le Congrès, seront divisées en Etats particuliers de la manière suivante, autant que ces concessions pourront le permettre, c'est-à-dire, par les degrés de latitude, de manière que chaque Etat comprenne du nord au sud, deux degrés de latitude, à commencer au quarante-cinquième dégré de latitude nord, & par les dégrés de longitude, dont l'un passera par la pointe la plus basse des chûtes de l'Ohio, & l'autre par le Cap occidental de l'embouchure de la grande Kenhaway ; mais les terres à l'eſt de ce dernier méridien, entre l'Ohio, le lac Erié & la Penſilvanie, formeront un ſeul Etat, quelque puiſſe être leur étendue en latitude ; que tout le terrein qui ſera compris entre les ſuſdits méridiens, au-delà du quarante-cinquième dégré de latitude, fera partie de l'Etat le plus près de ce terrein au ſud, & cette partie de l'Ohio qui eſt entre les mêmes méridiens, & qui ſe rencontre avec le trente-neuvième dégré de latitude, ſera ſubſtituée à la place de ce parallèle pour ſervir de ligne de ſéparation.

Que les habitans d'un territoire ainſi acquis & mis en vente, recevront des Etats-Unis, ſoit à leur propre demande, ſoit par l'ordre du Congrès, le pouvoir de raſſembler, dans le temps & le lieu preſcrits, les hommes libres qui auront atteint quinze ans dans les limites de leur Etat, afin d'établir un Gouvernement proviſoire pour adopter la Conſtitution & les Loix de l'un des Treize Etats, de manière toutefois que les Loix pourront être changées par leur Corps légiſlatif ordinaire, &

pour ériger des Comtées, des Banlieues ou autres divisions sujets aux mêmes changemens, à l'effet d'élire les Membres de leur Corps législatif.

Que quand un de ces nouveaux Etats aura acquis vingt mille habitans libres, en en donnant les preuves convenables au Congrès, il recevra des Etats-Unis le pouvoir de convoquer dans le temps & le lieu prescrits, une assemblée de Représentans, afin d'établir une Constitution & un Gouvernement permanents, pourvu que le Gouvernement provisoire & le Gouvernement permanent soient établis sur les principes suivans, comme leur base fondamentale.

Premièrement, que ces nouveaux Etats feront toujours partie de la Confédération des Etats-Unis de l'Amérique.

Secondement, qu'ils seront soumis aux articles de Confédération dans tous les cas où les Etats primitifs seront soumis eux-mêmes, & à tous les Actes & Ordonnances des Etats-Unis assemblés en Congrès.

Troisièmement, qu'ils ne s'opposeront,

dans aucun cas, à la distribution première des terres, faite par les Etats-Unis assemblés en Congrès, ni aux Ordonnances & Réglemens que le Congrès pourra trouver nécessaires pour assurer les titres de possession desdites terres aux légitimes acquéreurs.

Quatrièmement, qu'ils seront tenus de payer une partie des dettes fédérales contractées ou à contracter, laquelle contribution sera réglée par le Congrès, & proportionnée à celle des autres Etats.

Cinquièmement, qu'il ne sera imposé aucune taxe sur les terres qui sont la propriété des Etats-Unis.

Sixièmement, que leurs Gouvernemens respectifs seront Républicains.

Septièmement, que les terres des propriétaires non résidens ne seront, dans aucun cas, taxées plus haut que celles des résidens dans un nouvel Etat, avant qu'il ait voix délibérative au Congrès par ses Délégués.

Que lorsque l'un desdits nouveaux Etats aura autant d'habitans libres qu'il y en a dans l'un des Treize Etats-Unis le moins peuplé, cet Etat fera admis par fes Délégués dans le Congrès des Etats-Unis, fur le même pied que les Treize Etats primitifs, pourvu que cette admiffion ait été préalablement confentie par le nombre d'Etats compétens. (1). Et afin d'adapter les fufdits articles de Confédération à l'état du Congrès quand il fera ainfi augmenté, il fera propofé aux Corps légiflatifs des Etats, qui faifoient partie de la Confédération primitive, de demander le confentement des deux tiers des Etats-Unis affemblés en Congrès, dans tous les cas où, par lefdits articles, le confentement de neuf Etats, eft maintenant requis; cet article accordé fera obligatoire pour les nouveaux Etats. Jufqu'à cette admiffion par leurs Délégués au Congrès, lefdits Etats, après l'établiffement de leur Gouvernement provifoire, auront la faculté d'envoyer un Membre au Congrès, avec voix confultative, mais non délibérative.

---

(1) Par les conftitutions des Etats-Unis, il faut le confentement de neuf defdits Etats pour donner force de loi dans les affaires majeures, telle, par exemple, que l'érection d'un nouvel Etat.

Que les Etats-Unis assemblés en Congrès pourront, dans l'occasion, & sans enfreindre les principes de Confédération, prendre telles mesures qu'ils jugeront convenables pour la conservation de la paix & du bon ordre parmi les habitans dans aucuns des nouveaux Etats, jusqu'à ce qu'ils prennent un Gouvernement provisoire, comme il est dit ci-dessus.

Que les précédens articles formeront une Charte d'association, laquelle sera revêtue des formalités requises par le Président des Etats-Unis assemblés en Congrès, sous sa signature & le sceau des Etats-Unis, sera publiée, & deviendra partie des Constitutions fondamentales des Treize Etats-Unis primitifs, & de chacun des nouveaux Etats, sans pouvoir être altérée après la vente d'aucune partie du territoire de ces nouveaux Etats, conformément à la présente délibération, autrement que par le consentement réuni des Etats-Unis assemblés en Congrès, & de l'Etat particulier qui auroit quelque changement à proposer.

ORDONNANCE DU CONGRÈS,

Pour déterminer la manière dont il sera disposé des terres de l'ouest des Etats-Unis.

Ordonné par les Etats-Unis assemblés en Congrès, qu'il sera disposé comme il suit, des terres cédées par les Etats particuliers aux Etats-Unis, qui ont été achetées des habitans Indiens. Savoir,

Le Congrès ou un Comité des Etats, nommera un Arpenteur dans chaque Etat, qui prêtera serment devant le Géographe des Etats-Unis, autorisé par ces présentes, à recevoir son serment; & l'Arpenteur fera prêter serment à son tour aux Mesureurs qui seront à ses ordres.

Le Géographe sous la direction duquel seront les Arpenteurs, établira, dans l'occasion, tels Réglemens qu'il trouvera convenables pour leur conduite; il pourra les renvoyer s'ils se conduisent mal dans leur emploi, & il en fera le rapport au Congrès o u au Comité des Etats, qu'il instruira également en cas de maladie, de mort ou de démiſſion des Arpenteurs.

Les Arpenteurs, après avoir rempli toutes les formalités requiſes pour l'exercice de leur emploi, procéderont à la diviſion des ſuſdites terres en banlieues de ſix milles quarrés, par des lignes qui ſe prolongeront exactement nord & ſud, & d'autres coupant celle-ci à angles droits, auſſi exactement que faire ſe pourra, à moins que les limites des Cantons achetés dernièrement des Indiens, ne rendent la choſe impraticable; & alors ils ne s'écarteront de cette règle qu'autant que les circonſtances particulières pourront l'exiger; & chaque Arpenteur ſera payé à raiſon de deux piaſtres (1) pour chaque mille en long qu'il arpentera, y compris le ſalaire des Meſureurs, Marqueurs, & autres dépenſes qui pourront avoir lieu pour cet objet.

La première ligne ſe prolongeant nord & ſud, comme il a été dit, commencera ſur la rivière d'Ohio, à un point qui ſera trouvé exactement au nord de l'extrémité

---

(1) La piaſtre vaut 5 livres 5 ſols, argent de France.

occidentale de la ligne qui a été tirée pour servir de limites méridionales à l'Etat de Penfilvanie, & la première ligne se prolongeant est & ouest, commencera au même point, & traversera tout le territoire, pourvu que sur cet espace on n'ait rien construit pour fixer les limites de l'Etat de Pensilvanie à l'ouest. Le Géographe désignera les banlieues & leurs subdivisions par leurs nombres progressifs du sud au nord; commençant toujours chaque rang par le N°. 1, & les rangs seront distingués par leurs nombres progressifs à l'ouest : le premier rang depuis l'Ohio jusqu'au lac Erié, sera marqué N°. 1; le Géographe tirera lui-même la première ligne est & ouest, & prendra la latitude des extrêmités de la ligne nord & sud, & de l'embouchure des principales rivières.

Les lignes seront mesurées avec une chaîne, elles seront marquées par des entailles sur les arbres, de manière qu'on puisse les voir facilement, & exactement représentées sur un plan, dans lequel l'Arpenteur notera, à leur vraie distance, toutes les mines, sources salées, salines & tous les moulins qui viendront à sa connoissance ; toutes les rivières, ruisseaux, montagnes & autres choses remarquables & permanentes, sur ou près desquelles il tirera les lignes, ainsi que la qualité du terrein.

Les plans des banlieues respectives seront marqués par des subdivisions en lots d'un mille quarré, ou de six cens quarante acres, dans la même direction que les lignes extérieures, & numérotées depuis 1 jusqu'à 36, toujours en suivant exactement la progression arithmétique dans chaque nouveau rang de lots : & si par les causes ci-dessus mentionnées, une seule subdivision d'une banlieue étoit arpentée, les lots prolongés jusques-là porteront les mêmes numéros que si la banlieue avoit été arpentée en entier ; & les Arpenteurs en tirant les lignes extérieures des banlieues, marqueront, dans l'intervalle de chaque mille, des angles pour les lots adjacents, toujours en les désignant d'une manière différente de ceux des banlieues.

Le Géographe & les Arpenteurs feront la plus grande attention à la variation de l'aiguille aimantée, & tireront & noteront toutes les lignes d'après le vrai méridien, marquant dans chaque plan quelle étoit la variation lorſque les lignes ont été tirées.

Dès que l'on aura arpenté ſept rangs de banlieues & de ſubdiviſions de banlieues, du ſud au nord, le Géographe en remettra les plans au Bureau du Tréſor, qui les enregiſtrera avec le rapport, dans des livres bien reliés, qui ſeront conſervés pour cet uſage ; & le Géographe aura ſoin de remettre de ſemblables plans & raports à meſure que ſept rangs nouveaux auront été arpentés. Le Secrétaire d'Etat ayant le département de la Guerre, conſultera ces plans, & prendra un nombre de banlieues & de ſubdiviſions de banlieues, tant de celles qui ſeront vendues en total, que de celles qui ne ſeront vendues que par lots, juſqu'à la concurrence d'une ſeptième partie du total de ſept rangs, auſſi exactement qu'il ſera poſſible, pour être diſtribuées aux Officiers & Soldats de la dernière Armée continentale, & il en fera de même lorſqu'il ſera néceſſaire, juſqu'à ce qu'il ait tiré une quantité ſuffiſante de

banlieues & subdivisions d'icelles pour la-dite Armée, qui seront distribuées comme il sera expliqué ci-après. Le Bureau du Trésor fera tirer, selon l'exigence, les six autres parties restantes, tant de celles à vendre en total, que de celles à vendre par lots, au nom des Treize Etats-Unis respectivement, pour être distribuées aux-dits Etats, conformément à la quotité fixée par la dernière réquisition pour tous les Etats: pourvu que dans le cas où dans une distribution il seroit accordé à quelqu'un des Etats plus de terres qu'il ne lui échoit pour sa part, il en sera fait une déduction dans la distribution suivante.

Le Bureau du Trésor remettra une copie des Plans originaux, où seront marquées les banlieues & subdivisions d'icelles, qui échoiront à chaque Etat, par la distribution susdite, aux Commis de *l'Office du Prêt public* de chaque Etat, qui, après en avoir donné connoissance pendant deux mois au moins, & six mois au plus, en faisant afficher un avis dans les Hôtels-de-Ville, ou autres lieux notables de chaque Comté, & le faisant insérer dans les Papiers-Nouvelles publiés dans les Etats de leur réfidence respective, procéderont à la vente publique des banlieues ou subdivisions d'icelles, de la manière suivante ; savoir, la banlieue ou subdivision d'icelle, n°. 1, dans le premier rang, sera vendue en total; & celle n°. 2, dans le même rang, par lots; & ainsi alternativement chaque numéro de tout ce premier rang. La banlieue & subdivision d'icelle du n°. 1, dans le second rang, sera vendue par lots ; & le n° 2, dans le même rang, en total ; & ainsi alternativement chaque numéro du second rang. Le troisième rang sera vendu de la même manière que le premier, & le quatrième de la même manière que le second, & ainsi alternativement tous les autres : pourvu qu'aucune portion du terrein qui est dans le susdit territoire, ne soit pas vendue au-dessous du prix d'une piastre par acre, payables en espèces, ou en billets de l'Office du prêt public, évalués sur l'échelle du tarif, où en billets des dettes liquidées des Etats-Unis, y compris les intérêts, outre les frais d'arpentage & autres, qui sont estimés à trente-six piastres par banlieue, payables en espèces où en billets, comme ci-dessus,

& ainſi dans la même proportion pour les ſubdiviſions de banlieues ou de lots : le paiement ſe fera immédiatement après la vente, faute de quoi leſdites terres feront de nouveau miſes en vente.

Il ſera réſervé pour les Etats-Unis, dans chaque banlieue, les quatre lots, marqués 8, 11, 26, 29, dans chaque ſubdiviſion de banlieue, autant de lots des mêmes numéros qu'il s'en trouvera, pour être vendus dans la ſuite. Il ſera réſervé le lot n°. 16, de chaque banlieue, pour l'entretien des Ecoles publiques de ladite banlieue; ainſi que la troiſième partie de toutes les mines d'or, d'argent, de plomb & de cuivre, pour être vendue, ou dont il ſera diſpoſé autrement, ſelon que le Congrès l'ordonnera par la ſuite.

Quand une banlieue ou ſubdiviſion d'icelle aura été vendue en total de la manière ſuſdite, & l'argent ou les billets reçus, le Commis de l'Office du prêt public délivrera un acte conçu en ces termes:

Les Etats-Unis de l'Amérique, à tous ceux qui ces préfentes verront, falut.

Soit notoire que pour la fomme de......piaftres, nous avons cédé, cédons & affurons par ces préfentes à......... la banlieue (ou fubdivifion d'icelle, felon que le cas y échoira), numérotée....... dans le...... rang, exceptant & réfervant un tiers de toutes les mines d'or, d'argent, de plomb & de cuivre qui pourront s'y trouver ; & les lots 8, 11, 26 & 29, pour être vendus dans la fuite, & pour en difpofer autrement ; & le lot marqué 16, pour l'entretien des Ecoles publiques ; pour en jouir ledit...... fes héritiers & ayans-caufes, à perpétuité, (& s'il y a plus d'un acheteur, lefdits....... leurs héritiers & ayant-caufes, à perpétuité, comme poffédant en commun). En foi de quoi A. B. Commis de l'Office du prêt public de l'Etat de......... a, conformément à l'Ordonnance des Etats-Unis affemblés en Congrès, mis fa fignature & appofé fon cachet aux préfentes, ce...... de...... l'an...... de Notre Seigneur, & de l'indépendance des Etats-Unis le.......

Quand

Quand quelque banlieue ou subdivision d'icelle, aura été vendue par lots de la manière susdite, le Commis de l'Office du Prêt public délivrera un acte conçu en ces termes:

Les États-Unis de l'Amérique, à tous ceux qui ces présentes verront, salut.

Soit notoire que pour la somme de...piastres, nous avons cédé, cédons & assurons par ces présentes à........ le lot (ou les lots) numéroté....... dans la banlieue (ou subdivision d'icelle, selon que le cas y échoira) dans le..... rang; exceptant & réservant le tiers de toutes les mines d'or, d'argent, de plomb & de cuivre qui pourront s'y trouver, pour être vendus dans la suite, ou pour en disposer autrement, pour en jouir ledit...... ses héritiers & ayant-cause à perpétuité, (ou s'il y a plus d'un acheteur, lesdits..... leurs héritiers & ayant-cause, à perpétuité, comme possédant en commun). En foi de quoi A. B. Commis de l'Office du Prêt public de l'État de...... a, conformément à l'Ordonnance des États-Unis assemblés en Congrès, mis sa signature, & apposé son cachet aux présentes, ce..... de..... l'an......

de *Notre Seigneur*, & *de l'indépendance des Etats-Unis de l'Amérique, le*......

Ces actes seront enregistrés dans des livres particuliers, par les Commis de l'Office du Prêt public, & seront certifiés avoir été enregistrés avant que d'avoir été délivrés à l'acheteur, qui pourra transporter ses droits sur les terres dont ledit acte lui donne la possession.

Les Commis des Offices du Prêt public respectifs remettront tous les trois mois, au Bureau du Trésor, un état des banlieues, subdivisions d'icelles, & lots à eux confiés, en y spécifiant les noms des personnes auxquels ils seront vendus, & les sommes d'argent ou Billets qui en auront été reçus; ils feront percer avec un poinçon tous les Billets par eux reçus, & les feront inférer en bonne & due forme dans les livres du Trésor, avec le montant de l'argent ou des Billets, ayant soin de spécifier les noms des acheteurs, comme ci-dessus.

Si quelque banlieue, subdivision d'icelle ou lot demeuroient invendus pendant dix-huit mois, après que le plan aura été reçu par les Commis de l'Office du Prêt public, ils feront renvoyés de nouveau au Bureau du Tréfor, & vendus de la manière que l'ordonnera le Congrès.

Et d'autant que le Congrès, par fa réfolution des 16 & 18 Septembre 1776, & du 12 Août 1780, a ftipulé des conceffions de terres à un certain nombre d'Officiers & Soldats de la dernière Armée continentale, & par fa réfolution du 22 Septembre 1780, a également ftipulé des conceffions de terres à un certain nombre d'Officiers dans le Département de l'Hôpital de la dernière Armée continentale ; pour fatisfaire à ces engagemens, il eft ordonné que le Secrétaire d'Etat ayant le département de la Guerre, d'après l'état des Officiers & Soldats dépofé dans fon Bureau, ou d'après tels autres documens fuffifans, que la nature du cas pourra comporter, déterminera quels font les objets des réfolutions & engagemens fufdits, & depuis combien de temps ces Officiers & Soldats, ou leurs repréfentans, poffèdent ces titres, & fera tirer pour eux, de la manière qui paroîtra la plus convenable, les banlieues ou subdivisions d'icelles réservées pour la dernière Armée continentale, pour leur être distribuées avec impartialité. Il remettra, selon l'exigeance, des certificats aux Commis de l'Office du Prêt public des différents Etats, à l'Armée desquels les réclamans Militaires ont appartenus respectivement, en spécifiant le nom & la qualité de la personne, les termes de son engagement, le temps de son service, & la Division, Brigade, Régiment ou Compagnie à laquelle il appartenoit, la quantité de terre à lui cédée, & la banlieue ou subdivision d'icelle, & le rang dans lequel sa portion doit être prise.

Les Commis de l'Office du Prêt public expédieront les actes pour les concessions entières, de la manière & forme ci-dessus mentionnées, en variant seulement les termes, de manière à les rendre conformes aux certificats du Secrétaire de la Guerre.

Si quelques réclamans Militaires des terres concédées, n'avoient appartenu à l'Armée d'aucun des Etats (1), il sera également envoyé de semblables certificats au Bureau du Tréfor, qui en expédiera les actes auxdits réclamans.

Le Secrétaire de la Guerre, d'après les documens qu'il a entre les mains, remettra au Bureau du Tréfor un certificat, où feront spécifiés les noms & qualité des divers réclamans du département de l'Hôpital de la dernière Armée continentale, avec la quantité de terre concédée à chaque réclamant, & la banlieue ou fubdivifion, & le rang dans lequel fa portion doit être prife ; & fur ce certificat le Bureau du Tréfor leur en expédiera les actes.

Le Bureau du Tréfor & les Commis de

---

(1) Il y avoit parmi les Troupes des Etats-Unis plufieurs perfonnes qui, quoiqu'attachées au fervice militaire, n'étoient cependant point enrollées. Le Congrès, voulant auffi récompenfer leurs fervices, les a compris dans les conceffions des terres qu'il a faites à l'Armée continentale. Ce font ces réclamans dont il est ici queftion.

l'Office du Prêt public des différens Etats, remettront dans dix-huit mois, au Secrétaire de la Guerre une copie de tous les actes qui auront été délivrés, comme aussi tous les actes originaux qui resteront entre leurs mains, faute d'être réclamés, & qui auront été déja enregistrés, lesquels actes seront conservés dans le Bureau jusqu'à ce que les Intéressés ou leurs représentans viennent les réclamer.

Il est encore ordonné qu'il sera réservé trois banlieues adjacentes au lac Erié, dont le Congrès disposera en faveur des Officiers, habitans & autres réfugiés du Canada, & des réfugiés de la Nouvelle-Ecosse, qui ont ou peuvent avoir des titres de concessions de terres à eux faites par le Congrès actuellement existant, ou qui pourront leur être faites à l'avenir, & pour tel autre emploi que le Congrès jugera convenable.

Et il est en outre ordonné que les villes de Gnadenhutten, Schoenbrun & Salem sur la Muskingum, avec autant de terres joignant lesdites villes qu'il en sera nécessaire au jugement du Géographe, avec tous les bâtimens & autres ouvrages qui s'y trouveront, feront réservés pour les feuls Indiens Chrétiens qui étoient autrefois établis dans ces lieux, ou pour les restes de cette Société.

Conservant & réservant toujours pour les Officiers & Soldats ayant des titres sur les terres au côté nord-ouest de l'Ohio, par concession ou libéralité de l'Etat de Virginie, ou leurs représentans, tous les droits dont ils ont les titres, par l'acte de cession expédié par les Délégués de l'Etat de Virginie, le premier de Mars 1784, & par l'Edit du Congrès qui l'approuve ; & afin que lesdits droits soient pleinement & effectuellement assurés, conformément au vrai but dudit acte de cession & de l'Edit mentionné, il est ordonné qu'aucune portion de terre renfermée entre les rivières appellées la petite Miami & la Scioto, au côté nord-ouest de l'Ohio, ne sera vendue ou autrement aliénée, jusqu'à ce qu'on ait distribué & remis en toute propriété

L iv

auxdits Officiers & Soldats, ou à leurs représentans, les terres qui leur ont été cédées par ledit acte de cession & par l'Edit du Congrès qui l'approuve.

Fait par les Etats-Unis assemblés en Congrès, le vingt Mai, l'an de Notre-Seigneur mil sept cent quatre-vingt-cinq, & de notre Souveraineté & Indépendance le neuvième.

Signé RICHARD-HENRI LÉE, Présid.

Signé CHARLES THOMSON, Secrét.

PASSAGES

DE *Diodore de Sicile*, *d'Aristote*, *de Platon*, *d'Elien* & *de Plutarque*, qui prouvent que l'*Amérique* étoit connue des Anciens.

Nous avons promis dans une note page 119 de citer quelques passages des Ecrivains anciens qui paroissoient avoir eu connoissance d'un autre Continent; il ne seroit pas difficile d'accumuler les citations; mais nous nous bornerons à un petit nombre, en commençant par Diodore de Sicile, qui nous donne une description fort agréable & assez détaillée d'une grande isle qu'on pourroit appeller *Fortunée*, & qui paroît n'être autre que l'Amérique même, ou quelqu'une des grandes Antilles. Voici comment s'exprime cet Auteur dans sa Bibliothéque Historique, L. VI, c. 7.

» Au couchant de l'Afrique il est une

» Isle d'une grande étendue, distante de
» cette partie de notre Continent de plu-
» sieurs journées de navigation. Son ter-
» roir fertile est partagé en montagnes &
» en plaines, & la plaine représente un sé-
» jour délicieux; on y trouve plusieurs ri-
» vières navigables, & des ruisseaux de
» toutes parts. Les jardins y sont fré-
» quens & plantés de différentes sortes
» d'arbres, & les vergers sont par-tout
» entrecoupés de ruisseaux. Les villages
» sont ornés de maisons magnifiquement
» bâties, dont les parterres sont ornés de
» berceaux couverts de fleurs; c'est-là que
» les habitans du pays se retirent pendant
» l'été pour y jouir des biens que la cam-
» pagne leur fournit en abondance. La
» partie occupée par les montagnes est
» couverte de vastes forêts & d'arbres frui-
» tiers, & avec les eaux vives qui en ar-
» rosent les vallons, on y trouve tout ce
» qui peut rendre la vie agréable. Enfin
» toute cette Isle, par sa fertilité & l'abon-
» dance de ses eaux, fournit à ses habitans
» tout ce qui peut non-seulement flatter
» leurs désirs, mais contribuer encore à
» leur santé & à leur force.

» La chasse leur donne un nombre in-
» fini d'animaux qui ne leur laissent rien
» à souhaiter dans leurs festins, ni pour
» l'abondance ni pour la délicatesse. De
» plus, la mer qui environne cette Isle est
» féconde en poissons de toute espèce, ce
» qui est une propriété générale de tout
» l'Océan. D'ailleurs, on y respire un air
» si tempéré, que les arbres y portent des
» feuilles & des fruits pendant la plus
» grande partie de l'année; en un mot,
» cette Isle est si délicieuse qu'elle paroît
» plutôt le séjour des Dieux que celui des
» hommes.

» Elle étoit inconnue dans l'ancien
» temps, à cause de son grand éloigne-
» ment; mais dans la suite le hasard l'a
» fait découvrir. On sçait que dès les
» siècles les plus reculés, les Phœniciens
» entreprirent sur mer de longs voyages
» pour étendre leur commerce, & que la
» navigation leur donna lieu d'établir plu-
» sieurs Colonies en Afrique & dans les
» pays occidentaux de l'Europe. Tout leur
» succédant à souhait, & étant devenus
» extrêmement puissans, ils tentèrent de

» passer les colonnes d'Hercule, & d'en-
» trer dans l'Océan. Ils bâtirent d'abord
» une ville dans une presqu'isle de l'Eu-
» rope, voisine des colonnes d'Hercule,
» & ils la nommèrent Cadix. Ils y cons-
» truisirent tous les édifices qu'ils jugèrent
» convenables au lieu, & y élevèrent un
» Temple où ils instituèrent de pompeux
» sacrifices à la manière de leur pays. Ce
» Temple est encore à présent en grande
» vénération; plusieurs Romains que leurs
» exploits ont rendus illustres, y ont été
» rendre hommage à Hercule du succès
» de leurs entreprises.

» Au reste les Phœniciens ayant passé
» le détroit de l'Espagne (de Gibraltar)
» & voguant le long de l'Afrique, furent
» poussés très-loin dans la mer par la vio-
» lence des vents; & la tempête ayant
» duré plusieurs jours, ils furent enfin
» jettés dans l'Isle dont nous parlons.

» Ayant connu les premiers sa beauté
» & sa fertilité, ils la firent connoître aux
» autres Nations. Les Tyrréniens devenus
» les maîtres de la mer, voulurent aussi y
» envoyer une Colonie, mais les Carthagi-

« nois trouverent moyen de les en empêcher
« pour deux raisons, l'une parce qu'ils
« craignoient que leurs citoyens attirés par
« les charmes de cette Isle, n'y passassent
« en foule en désertant leur propre pays;
« l'autre parce qu'ils la regardoient comme
« un asyle assuré pour eux, si jamais il
« arrivoit quelque grand désastre à la Ré-
« publique ; car ils comptoient qu'étant
« toujours les maîtres de la mer, comme
« ils l'étoient alors, il leur seroit facile de
« s'y retirer, & que leurs vainqueurs qui
« ignoroient la situation de cette Isle, ne
« pourroient point aller les y attaquer.

« Les Carthaginois, dit Aristote dans
« le livre des Récits Merveilleux, ont
« trouvé, dit-on, au-delà & à plusieurs
« journées de navigation des colonnes
« d'Hercule (le détroit de Gibraltar), une
« Isle déserte, parsemée de forêts & de
« rivières navigables, & abondante en
« toutes sortes de fruits. Comme les Car-
« thaginois alloient souvent visiter cette
« Isle, à cause de sa grande fertilité, &
« que quelques-uns même s'y étoient éta-
« blis, le Sénat de Carthage défendit sous

» peine de la vie, d'y aborder, & fit
» mourir tous ceux qui s'y étoient déja
» établis, de peur qu'ils ne publiassent ce
» qu'ils sçavoient de cette isle, & que
» d'autres peuples ne s'en emparassent, &
» ne privassent par-là les Carthaginois des
» avantages qu'ils espéroient en retirer.

Platon, dans le *Timée* & dans le *Critias*, parle beaucoup de l'Isle Atlantide, qui, vraisemblablement, est la même que celle d'Aristote & de Diodore de Sicile. Il dit » que cette Isle étoit vis-à-vis les co-
» lonnes d'Hercule dans la mer Atlan-
» tique, qu'elle étoit plus étendue que
» l'Afrique & l'Asie ensemble; que de-là
» on passoit à d'autres Isles d'où on pou-
» voit se rendre dans *tout le Continent* situé
» à l'opposite ».

Pausanias rapporte » que s'informant s'il
» y avoit des Satyres, un certain Euphe-
» mus qui étoit né dans la Carie, lui ra-
» conta que dans un voyage, il avoit été
» transporté par une tempête aux extrê-
» mités de l'Océan, où il avoit vu plu-
» sieurs Isles que les Marins appelloient
» *Satyrides*. Que les peuples qui les habi-

» toient étoient d'une couleur rougeâtre.

Elien, Hift. diverf. L. III, c. 18, avance fur le témoignage de Théopompe » qu'au-
» delà de notre hémifphère il exifte un
» Continent d'une grandeur immenfe ».

Plutarque, dans le Livre de Facie in orbe lunæ, confirme la même chofe, en difant » qu'au-delà des Ifles Atlantiques on
» trouve un grand Continent ».

Nous pourrions trouver dans les Auteurs Grecs d'autres paffages auffi formels; mais ceux-ci fuffifent, fans doute, pour prouver qu'au moins l'idée d'un autre hémifphère n'étoit point étrangère aux Anciens. Pline & quelques Ecrivains Latins, pourroient encore nous fournir de quoi appuyer nos preuves. Nous nous contenterons de terminer nos citations par un paffage de l'Hiftoire du Commerce & de la Navigation des Anciens, du fçavant Huet, dont le témoignage eft affurément d'un grand poids en matière d'érudition. Après avoir parlé des diverfes Colonies des Carthaginois, cet Auteur continue ainfi :

» On peut ajouter à ces Colonies cette
» grande Isle découverte & habitée par les
» Carthaginois dans l'Océan, bien loin au-
» delà du détroit de Cadix, & dont l'Au-
» teur du Livre *des Merveilles*, attribué
» à Aristote, & Diodore, font une telle
» description, que plusieurs ont cru qu'elle
» ne pouvoit être autre que l'Amérique.
» M. Bochart ne le croyoit pas ainsi, &
» étoit persuadé que ce trajet n'auroit pu
» se faire sans le secours de la boussole.
» Mais il faut faire attention, sur ce que
» dit Diodore, que ceux qui découvrirent
» cette Isle y furent jettés par la tempête,
» & comme le vent d'Orient règne pres-
» que continuellement dans la Zone tor-
» ride, il put bien arriver que quelques
» vaisseaux Carthaginois, surpris de ce
» vent, furent portés malgré eux vers ces
» Isles occidentales, comme je le ferai
» voir dans ma *Démonstration Evangéli-*
» *que*. Du reste il ne faut pas prendre pour
» une fable tout ce que les Anciens ont
» dit de cette Isle fortunée. Les Grecs pu-
» rent bien exagérer ce qu'ils en avoient
» appris, mais toutes les circonstances qu'on
» en rapporte ne peuvent pas avoir été
» controuvées ».
Du

DU GOUVERNEMENT
DES SAUVAGES,

De leurs Conseils, de leur Eloquence. Discours choisis.

Nous nous sommes engagés à fournir quelques exemples de l'éloquence des Sauvages; mais nous croyons qu'il ne sera pas hors de propos de donner auparavant une idée de leur Gouvernement & de leurs Conseils ou Assemblées, objets dont notre Auteur n'a point parlé, ou sur lesquels il n'est entré dans aucun détail. Nous consulterons pour cela le Père Charlevoix (1), l'Auteur des *Notes on the state of Virginia* (2), qui ne veut pas être connu du

---

(1) Histoire de la Nouvelle-France. 6 vol. in-12. Paris, 1744.

(2) *Notes sur l'Etat de Virginie*. In-8°. Paris, 1785. Cet Ouvrage, dont l'Auteur n'a fait tirer que quelques exemplaires, pour distribuer à ses amis, contient des détails intéressans sur l'histoire naturelle, le climat, la population, les loix, les constitutions, &c. de la Virginie.

M

Public, le Page du Pratz (1) déja cité, Boſſu (2) & autres, & nous employerons ſouvent leurs propres expreſſions.

Du Gouvernement.

Notre Auteur paroît faire entendre que les Sauvages n'ont aucune eſpèce de Gouvernement (3), & l'on ſeroit tenté de le croire au premier coup-d'œil. En effet, preſque point de Juſtice criminelle chez eux, preſque nulle ſubordination parmi les Guerriers, chacun pouvant impunément ne pas aller à la guerre, ou quitter au milieu de la campagne : mais en examinant la choſe de plus près, on voit que la plupart de ces Peuples ont un Gouvernement Patriarchal, ou, ſi l'on veut, Ariſtocratique, dont la forme varie preſque à l'infini. Nous diſons Patriarchal, parce que c'eſt ordinai-

---

(1) Hiſtoire de la Louiſiane, 3 vol. *in*-12. Paris, 1753; ouvrage bien écrit, & plein de choſes curieuſes & utiles.

(2) Nouveaux Voyages dans les Indes occidentales, 2 vol. *in*-12. Paris, 1768. Nouveaux Voyages dans l'Amérique ſeptentrionale, *in*-8°. Amſterdam, 1777.

(3) Voyez page 137.

rement un chef de famille qui commande, & que ces Peuples regardent leurs Chefs plutôt comme leur père que comme leur Roi, & que leur obéissance est toujours libre & volontaire. En second lieu, nous disons Aristocratique; car quoique chaque Bourgade ait son Chef indépendant de tous les autres de la même Nation, & de qui les Sujets dépendent en très-peu de chose, néanmoins il ne se conclut aucune affaire de quelqu'importance, que par l'avis des Anciens. Dans l'Acadie les *Sagamos* étoient plus absolus, & il ne paroît pas qu'ils fussent obligés, comme les Chefs le sont presque par-tout ailleurs, de faire des libéralités aux particuliers. Au contraire, ils tiroient une espèce de tribut de leurs sujets, & ne mettoient nullement leur grandeur à ne se rien réserver pour eux. Mais il semble que la dispersion de ces Sauvages Acadiens, & peut-être aussi leur commerce avec les François, ont apporté beaucoup de changement à leur ancienne façon de se gouverner, dont Lescarbot & Champlain sont les seuls qui nous ayent donné quelques détails.

Plusieurs Nations ont chacune trois Familles ou Tribus principales, aussi anciennes à ce qu'il paroît, que leur origine. Elles ont néanmoins une même souche, & il y en a du moins une qui est regardée comme la première, qui a une sorte de prééminence sur les deux autres, où l'on traite de frères ceux de cette Tribu, au lieu qu'entr'elles on ne se traite que de cousins. Ces Tribus sont mêlées sans être confondues; chacune a son Chef séparé dans chaque village, & dans les affaires qui intéressent toute la Nation, ces Chefs se réunissent pour en délibérer. Chaque Tribu porte le nom d'un animal, & la Nation entière a aussi le sien, dont elle prend le nom, & dont la figure est la marque ou les armoiries. On ne signe pas autrement les traités qu'en traçant ces figures, à moins que des raisons particulières en fassent substituer d'autres.

Ainsi la Nation Huronne est la Nation du *Porc-Epi*: sa première Tribu porte le nom de l'*Ours* ou du *Chevreuil*, les Auteurs variant sur cela; les deux autres ont pris pour leurs animaux le *Loup* & la *Tor-*

tue : enfin , chaque Bourgade a auſſi le ſien, & c'eſt ſans doute cette variété qui a déſorienté les Auteurs des Relations. Mais outre ces diſtinctions de Nations, de Tribus, de Bourgades par les animaux, il y en a encore d'autres qui ont leur fondement dans quelqu'uſage, ou dans quelque évènement particulier. Par exemple , les Hurons *Tionnontatez* qui ſont de la première Tribu, s'appellent ordinairement la Nation du Petun, ou Tabac, & il exiſte un traité où ces Sauvages qui étoient alors à Michillimakinac, ont mis pour leur marque la figure d'un Caſtor.

La Nation Iroquoiſe a les mêmes animaux que la Huronne dont elle paroît être une Colonie, avec cette différence néanmoins, que la Famille de la Tortue y eſt diviſée en deux, qu'on appelle la *grande* & la *petite Tortue*. Le Chef de chaque Famille en porte le nom, & dans les actions publiques on ne leur en donne point d'autre. Il en eſt de même du Chef de la Nation & de celui de chaque Village. Mais outre ce nom, qui n'eſt pour ainſi dire que repréſentatif, ils en ont un autre qui

M iij

les diftingue plus particuliérement, & qui eft comme un titre de dignité. Ainfi l'un eft appellé *le plus Noble*, l'autre *le plus Ancien*, &c. Enfin, ils en ont un troifième qui leur eft perfonnel. Mais il eft vraifemblable que cela n'eft en ufage que dans les Nations où la qualité de Chef eft héréditaire.

Ces impofitions de titre fe font toujours avec de grandes cérémonies ; le nouveau Chef, ou s'il eft trop jeune, celui qui le repréfente, doit faire un feftin & des préfens, prononcer l'éloge de fon Prédéceffeur & chanter fa chanfon. Il y a néanmoins tel nom perfonnel fi célèbre, que nul n'ofe fe l'approprier, ou qui eft du moins fort long-temps fans être relevé.

Dans le Nord & par-tout où règne la langue Algonquine, la dignité de Chef eft élective ; mais toute la cérémonie de l'élection & de l'inftallation, fe réduit à des feftins, accompagnés de danfes & de chants. Le Chef élu ne manque auffi jamais de faire le panégyrique de celui dont il prend la place, & d'invoquer fon Génie. Parmi les Hurons, où cette dignité eft héréditaire, la succession se continue par les femmes, en sorte qu'à la mort du Chef, ce n'est pas son fils qui lui succède, mais le fils de sa sœur, ou à son défaut son plus proche parent en ligne féminine. Si toute une branche vient à s'éteindre, la plus noble Matrone de la Tribu ou de la Nation choisit le Sujet qui lui plaît davantage, & le déclare Chef.

Il faut avoir un âge mûr pour gouverner, & si le Chef héréditaire n'y est pas encore parvenu, on lui donne un Régent qui a toute l'autorité, mais qui l'exerce sous le nom du Mineur. En général ces Chefs ne reçoivent pas de grandes marques de respects, & s'ils sont toujours obéis, c'est qu'ils sçavent jusqu'où ils doivent commander. Mais il est vrai qu'ils prient, qu'ils proposent plutôt qu'ils ne commandent, & que jamais ils ne sortent des bornes du peu d'autorité qu'ils ont.

Il y a plus, chaque Famille a droit de se choisir un Conseiller & un Assistant du Chef, qui doit veiller à ses intérêts, & sans l'avis duquel le Chef ne sçauroit rien entreprendre.

M iv

Ce Corps de Conseillers ou Assistans, est le premier de tous. Le second est celui des Anciens, c'est-à-dire, de ceux qui ont atteint l'âge de maturité. Le dernier est celui des Guerriers, qui comprend tous ceux qui sont en état de porter les Armes. Ce Corps est ordinairement commandé par le Chef de la Nation ou celui de la Bourgade ; mais il faut qu'il ait donné auparavant des preuves de valeur.

Nous avons dit que le Chef doit être d'un âge mûr ; on ne voit que très-rarement de jeunes gens, & encore moins souvent des femmes élevées à cette dignité. Cependant toute la Contrée des *Attakapas*, Nation jadis antropophage, à l'ouest du Mississipi, assez près du Golfe du Mexique, étoit, en 1771, sous la domination d'une femme nommée *Quitachoulabénaky*, c'est-à-dire, Régente. Bossu (1) assure qu'elle régnoit avec autant de courage, de sagesse & de conduite qu'un homme auroit pu le faire. Aussi les Sauvages l'avoient surnom-

---

(1) Nouveaux Voyages dans l'Amérique septentrionale.

mée la Femme *de valeur*, c'est-à-dire, *Héroïne*. Une brillante jeunesse, accompagnée de tous ses charmes, les cheveux du plus beau noir du monde, les traits du visage les plus réguliers, des yeux vifs, un teint uni, une taille majestueuse, & si bien proportionnée, qu'il étoit impossible de ne la pas admirer; une belle gorge & de l'embonpoint autant qu'il en faut pour être bien faite: voilà en peu de mots, son portrait. La nature, continue notre Auteur, l'a douée des qualités du cœur & de l'esprit, qui la distinguent des autres personnes de son sexe. Ce sont ces seules qualités si estimables qui lui ont fait obtenir l'autorité suprême; aussi est-elle regardée par les *Attakapas* comme une Divinité.

Ajoutons encore, d'après Charlevoix (1), que les femmes ont la principale autorité chez tous les Peuples de la langue Huronne, si on en excepte le Canton Iroquois d'Onneyouth, où elle est alternative entre les deux sexes. Mais si tel est le droit, la pratique y est rarement conforme. Dans

_____
(1) Histoire de la Nouvelle-France. T. V, p. 397.

le vrai, les hommes ne parlent aux femmes que de ce qu'ils veulent bien qu'elles fçachent, & rarement une affaire importante leur eft communiquée, quoique tout fe faffe en leur nom, & que les Chefs ne foient que leurs Lieutenans.

Les affaires qui concernent purement une Bourgade ou Famille, font réglées par le Chef & les Principaux de la Bourgade; celles qui concernent une Tribu, telles, par exemple, que la convocation des Chefs de Guerre, & l'arrangement des différents qui peuvent s'élever entre les différentes Bourgades ou Familles, font décidées dans une Affemblée ou Confeil des Chefs de ces Bourgades; enfin celles qui intéreffent toute la Nation, telles que la décifion de la guerre, la conclufion de la paix, ou les alliances avec les Nations voifines, ne font mifes en délibération que dans le Confeil national, compofé de tous les Chefs de la Tribu, affiftés des Chefs de guerre de chaque Bourgade, qui font fes Confeillers.

Dans chaque Bourgade il y a une falle d'affemblée où le Chef & les Anciens s'afsemblent dans l'occasion, & consultent sur ce qu'il y a à faire. Chaque Tribu a aussi un lieu déterminé où se rassemblent les Chefs des Bourgades pour traiter des affaires de la Tribu. Enfin chaque Nation a son lieu d'assemblée qui est comme le point central de réunion, où tous les Chefs des diverses Tribus, & les principaux Guerriers se rendent pour traiter des affaires concernant la Nation. Quand une matière doit être agitée dans un Conseil national, les Chefs des diverses Tribus traitent l'affaire séparément avec leurs Conseillers, & quand ceux-ci l'approuvent ils exposent l'avis de la Tribu au Conseil national : & comme leur Gouvernement semble être fondé uniquement sur la persuasion, ils tâchent, par des présens mutuels, d'obtenir les suffrages. Tel est le Gouvernement qui subsiste encore aujourd'hui, avec quelques variétés néanmoins, parmi les Sauvages voisins des Etats-Unis.

Des Conseils ou Assemblées.

Toutes les affaires importantes parmi les Indiens sont examinées & arrêtées dans le

Conseil des Anciens, qui juge en dernière instance. C'est dans ces Assemblées qu'ils montrent une sagesse, une maturité, une habileté, on peut dire même une probité qui auroient fait honneur à l'Aréopage d'Athènes & au Sénat de Rome, dans les plus beaux jours de ces Républiques. En effet, on n'y conclut rien avec précipitation, & les grandes passions qui ont si fort altéré la politique, n'ont point encore prévalu dans ces Sauvages sur le bien public. Les Intéressés ne laissent pas de faire jouer bien des ressorts, & d'employer un manège dont on auroit peine à croire capables des Barbares, pour venir à bout de leurs desseins.

Le premier coup-d'œil de ces Assemblées n'en donne pas une idée bien avantageuse. Qu'on se représente une douzaine de Sauvages presque nuds, les cheveux accommodés en autant de manières différentes, & toutes ridicules; la pipe à la bouche, & dans la contenance de gens qui ne pensent à rien. C'est beaucoup si quelqu'un laisse échapper un mot en un quart-d'heure, & si on lui repond par un monosyllabe. Nulle marque de distinction, nulle préséance. Mais on change bien de sentiment lorsqu'on voit le résultat de leurs délibérations.

Des Peuples qu'on peut dire ne posséder rien, ni en public ni en particulier, & qui n'ont point l'ambition de s'étendre, devroient, ce semble, avoir peu de chose à démêler les uns avec les autres. Mais l'esprit de l'homme naturellement inquiet, ne sçauroit demeurer dans l'inaction, & il est ingénieux à se procurer de quoi s'occuper. Ce qu'il y a de sûr, c'est que nos Sauvages négocient sans cesse, & qu'ils ont toujours quelqu'affaire sur le tapis. Ce sont des traités à conclure ou à renouveller, des offres de services, des civilités réciproques, des alliances qu'on ménage, des invitations à la guerre, des complimens sur la mort d'un Chef ou d'une personne considérable. Tout cela se fait avec une dignité, une attention, même une capacité digne des affaires les plus importantes, & les leurs le sont quelquefois plus qu'il ne paroît; car ceux qu'on députe pour cela ont presque toujours des instructions secrettes, & le motif apparent de leur députation n'est qu'un voile qui en cache un autre plus sérieux.

Dans toutes ces circonstances ils prononcent des discours quelquefois très-longs, pendant lesquels l'Orateur n'est jamais interrompu. C'est l'Orateur ou Porte-Parole, qui harangue au nom de la Bourgade, de la Tribu ou de la Nation. Chaque Tribu a le sien dans la Bourgade, & il n'y a guère que ces Orateurs qui aient droit de parler dans les Conseils publics, & dans les Assemblées générales. Ils parlent toujours bien & à propos. Outre cette éloquence naturelle, que personne de ceux qui les ont pratiqués ne leur conteste, ils ont une connoissance parfaite des intérêts de ceux qui employent leur ministère, & une dextérité à mettre le bon droit dans tout son jour, qui ne peut aller plus loin. En quelques occasions les femmes ont un Orateur qui parle en leur nom, & comme s'il étoit uniquement leur interprête.

De l'Eloquence des Sauvages.

C'est un spectacle bien surprenant que

des Peuples qui n'ont pas les premiers élémens des Sciences & des Lettres, discutent une affaire avec tant de netteté, avec tant de justesse, & qu'ils montrent tant d'éloquence dans leurs discours, au point que des Voyageurs certainement très-instruits, & par conséquent à l'abri de s'en laisser imposer, assurent avoir passé des heures entières à écouter les Orateurs, & regretté de les voir si-tôt finir. Quelle est donc la magie de leur langage, le charme de leur éloquence, la beauté de leurs peintures, pour frapper ainsi des hommes accoutumés à tout ce que l'agrément du style, la pureté de l'expression, le sublime des pensées des Peuples policés, peut offrir de plus beau dans ce genre ? La raison en est sensible, c'est qu'ils vont droit au cœur, qu'ils peignent au lieu de faire des phrases, qu'ils intéressent toujours l'Auditeur ; c'est qu'enfin ils n'employent que le langage du sentiment & de la raison, au lieu de l'esprit qu'on trouve dans la plupart des Orateurs anciens & modernes. La nature les guide, la raison les éclaire, le sentiment les dirige ; ils n'ont point d'autres maîtres, d'autres guides, d'autre art, & ils touchent, ils persuadent.

Ils font très-abondans en expreſſions, & ils employent fréquemment la métaphore, l'allégorie & d'autres figures, ſans même s'en douter. Doués d'une imagination vive & brillante, ils ont la répartie prompte, & fément leurs diſcours de traits lumineux, qui auroient été applaudis dans les Aſſemblées publiques de Rome & d'Athènes. Leur mémoire n'eſt pas moins excellente : quoique dépourvus de tous les ſecours que nous avons inventés pour ſoulager la nôtre ou pour y ſuppléer, on ne ſçauroit dire de combien de choſes, avec quel détail de circonſtances, & avec combien d'ordre ils traitent dans leurs Conſeils. En quelques occaſions néanmoins ils ſe ſervent de petits bâtons pour ſe rappeller les articles qu'ils doivent diſcuter, & ils s'en forment une eſpèce de mémoire locale ſi ſûre, qu'ils parleront quatre ou cinq heures de ſuite, étaleront vingt préſens, dont chacun demande un diſcours entier, ſans rien oublier, & même ſans héſiter, ce qui eſt bien plus ſurprenant. Ce qui ne l'eſt pas moins, c'eſt que la plupart de leurs diſcours ſe font ſur le champ & ſans préparation, l'Orateur n'étant pas toujours
prévenu

prévenu de ce qu'il a à dire, ou devant se régler sur les circonstances particulières & imprévues.

Leur éloquence tient de l'excellence de leur imagination & de leur mémoire : elle a cette force, ce naturel, ce pathétique, que l'art ne donne pas, que les Grecs admiroient dans les Barbares; & quoiqu'elle ne paroisse point soutenue par l'action, qu'ils ne gesticulent point, qu'ils n'élèvent point la voix, on sent qu'ils sont pénétrés de ce qu'ils disent, & ils persuadent. Leur narration est nette & précise ; & quoiqu'ils usent beaucoup d'allégories & d'autres figures, ainsi que nous l'avons dit, elle est vive, & a tous les agrémens que comporte leur langue.

Il est temps de montrer au Lecteur quelques exemples de cette éloquence persuasive qui doit tout à la nature & rien à l'art, & qui parle au cœur & non à l'esprit.

Discours choisis.

En 1720 un Sauvage Chitimachas (1),

---

(1) Les Chitimachas sont établis sur une riviere qui porte leur nom, à l'ouest de la Nouvelle-Orléans :

N

s'étant caché dans un lieu écarté sur le bord du Mississipi, tua l'Abbé de Saint-Côme, Missionnaire de la Louisiane. M. de Bienville, alors Gouverneur de la Colonie, s'en prit à toute la Nation, & pour ménager son monde, il la fit attaquer par plusieurs Peuples alliés des François. Les Sauvages eurent le dessous, & la perte de leurs meilleurs Guerriers les força à demander la paix. Le Gouverneur la leur ayant accordée à condition qu'ils apporteroient la tête du meurtrier ; ils satisfirent à cette condition, & vinrent présenter à M. de Bienville le calumet de paix. C'est à cette occasion que l'Orateur, qui étoit du nombre des Ambassadeurs, harangua M. de Bienville en ces mots :

« Mon cœur rit de joie de me voir de-
» vant toi ; nous avons tous entendu la
» parole de paix que tu nous as fait porter;
» le cœur de toute notre Nation en rit de
» joie jusqu'à tressaillir : les femmes ou-
» bliant à l'instant tout ce qui s'est passé,

---

c'étoit autrefois une Nation considérable ; mais elle est presque totalement détruite à présent, & il n'en reste plus qu'un fort petit nombre.

» ont dansé, les enfans ont sauté comme de
» jeunes chevreuils. Ta parole ne se perdra
» jamais ; nos cœurs & nos oreilles en sont
» remplis, & nos descendans la garderont
» aussi long-temps que l'ancienne parole
» durera (1). Comme la guerre nous a
» rendus pauvres, nous avons été contraints
» de faire une chasse générale pour t'ap-
» porter de la pelleterie ; mais nous n'osions
» nous éloigner, dans la crainte que les
» autres Nations n'eussent pas encore en-
» tendu ta parole ; nous ne sommes même
» venus qu'en tremblant dans le chemin,
» jusqu'à ce que nous eussions vu ton
» visage.

» Que mon cœur & mes yeux sont con-
» tens de te voir aujourd'hui. Nos présens
» sont petits, mais nos cœurs sont grands
» pour obéir à ta parole ; quand tu nous
» commanderas, tu verras nos jambes
» courir & sauter comme celles des cerfs,
» pour faire ce que tu voudras ».

Ici l'Orateur fit une pause ; puis élevant

---

(1) C'est ainsi que les Sauvages nomment la tradition, qu'ils ont grand soin de conserver.

fa voix, il reprit fon Difcours avec gravité.

» Ah ! que ce foleil eft beau aujour-
» d'hui, en comparaifon de ce qu'il étoit
» quand tu étois fâché contre nous; qu'un
» méchant homme eft dangereux! tu fais
» qu'un feul a tué le Chef de la Prière (1),
» dont la mort a fait tomber avec lui nos
» meilleurs Guerriers; il ne nous refte plus
» que des vieillards, des femmes & des
» enfans qui te tendent les bras comme à
» un bon père. Le fiel qui rempliffoit au-
» paravant ton cœur, vient de faire place
» au miel, le grand Efprit n'eft plus irrité
» contre notre Nation: tu as demandé la
» tête du méchant homme, pour avoir la
» paix, nous te l'avons envoyée.

» Auparavant le foleil étoit rouge, les
» chemins étoient remplis d'épines & de
» ronces, les nuages étoient noirs, l'eau
» étoit trouble & teinte de notre fang,
» nos femmes pleuroient fans ceffe la perte
» de leurs parens, & n'ofoient aller cher-
» cher du bois pour préparer nos alimens;

---

(1) C'eft ainfi qu'ils appelloient nos Miffionnaires.

» nos enfans crioient de frayeur; au moin-
» dre cri des oiseaux de nuit, tous nos
» Guerriers étoient sur pieds ; ils ne dor-
» moient que les armes à la main ; nos
» cabanes étoient abandonnées & nos
» champs en friche ; nous avions tous le
» ventre vuide, & nos visages étoient al-
» longés; le gibier fuyoit loin de nous; les
» serpens siffloient de colère, en allongeant
» leurs dards ; les oiseaux qui perchoient
» près de nos habitations sembloient, par
» leur triste ramage, ne nous chanter que
» des chansons de mort.

» Aujourd'hui le soleil est brillant, le
» ciel est clair, les nuages sont dissipés,
» les chemins sont couverts de roses, nos
» jardins & nos champs seront cultivés ;
» nous offrirons au grand Esprit les pré-
» mices de leurs fruits ; l'eau est si claire
» que nous y voyons notre image ; les
» serpens fuyent, ou plutôt sont changés
» en anguilles; les oiseaux nous charment
» par la douceur & l'harmonie de leurs
» chants; nos femmes & nos filles dansent
» jusqu'à oublier le boire & le manger ;
» le cœur de toute la Nation rit de joie

« de voir que nous marchons par le même
« chemin que toi & les François: le même
« soleil nous éclairera ; nous n'aurons plus
« qu'une même parole, & nos cœurs ne
« feront plus qu'un : qui tuera les Fran-
« çois nous le tuerons ; nos Guerriers chaf-
« feront pour les faire vivre, nous man-
« gerons tous ensemble : cela ne sera-t-il
« pas bon, qu'en dis-tu, mon père ? »

M. de Boisbriand, Officier d'un mérite distingué, n'avoit pas ces avantages de la nature qui préviennent les gens en leur faveur. Il étoit né avec une épaule plus haute que l'autre, ce qui le rendoit un peu voûté. A la sollicitation de M. de Bienville, Gouverneur de la Louisiane, le même dont il a été parlé ci-dessus, il fut nommé Commandant du Fort de Chartres, construit par les François, au pays des Illinois. Aussi-tôt qu'il y fut rendu il reçut des Députés de chaque Tribu dépendante du Corps de la Nation Illinoise. Ces Députés étoient tous beaux hommes, & même choisis pour représenter la Nation auprès du nouveau Commandant François. Sa petite stature choqua d'abord les Américains ; mais après ils furent frappés du discours éloquent que M. de Boisbriand leur adressa, qui étoit analogue au génie de ces Peuples Sauvages. Comme ce discours est fort beau, nous croyons devoir le joindre ici, d'autant plus que celui de l'Orateur Indien que nous voulons rapporter, en est la réponse.

Après donc que ce Commandant eut reçu des mains du Chef de l'Ambassade, nommé *Papapechengouya*, le sacré calumet de paix, il harangua lui-même, sans le secours de l'Interprête. Voici à peu-près ses termes.

» Illustre & valeureuse Nation Illinoise,
» alliée & amie des François, ouvrez vos
» oreilles pour écouter ma parole, qui est
» vraie, aussi pure & claire que le soleil
» qui paroît aujourd'hui sur l'horison, &
» que je prends à témoin, comme *l'Agent*
» *du Maître de l'Univers.*

» Le grand Chef des François demeure,
» vous ne l'ignorez pas, au-delà du grand
» lac d'eau salée, dans l'ancien monde, où
» des hommes blancs, ses sujets, sont en
» aussi grand nombre que les feuilles des

» arbres de vos forêts (1). Ce puiſſant Mo-
» narque ayant été informé par *l'écorce*
» *parlante* (2), que ſes fidéles alliés & en-
» fans les *hommes rouges Illinois*, ainſi
» que leurs confédérés les braves *Kaſ-*
» *kaskias*, *Mitchigamias*, *Penhenguichias*,
» *Kaokias*, *Tamaroës*, &c. lui avoient
» donné en toute rencontre des preuves
» ſignalées de leur attachement inviolable
» envers ſa Couronne & pour le bien de ſa
» Colonie, Sa Majeſté a bien voulu m'ho-
» norer par le choix qu'elle a daigné faire
» de ma perſonne, pour venir réſider ſur
» vos terres, afin de les conſerver toujours
» blanches (3), & pour vous donner des
» marques authentiques de ſa bonté pa-
» ternelle, puiſqu'il ſait que c'eſt à juſte
» titre que les hommes rouges Illinois ſe
» qualifient de ſes enfans. Cette prédilec-
» tion de la part du grand Chef des Fran-

---

(1) Les Sauvages ne comptant point au-delà de cent, ſe ſervent de cette métaphore pour exprimer un nombre dont ils ne peuvent ſe former une idée.

(2) C'eſt ainſi que les Indiens appellent les lettres, ou tout autre papier écrit.

(3) Cette expreſſion eſt encore priſe des Sauvages: terre blanche veut dire terre où regne la paix.

» çois, & qui me flatte infiniment, m'au-
» torife à vous dire en même-temps que
» fi je fuis petit de corps, mon cœur eft
» affez grand pour *y loger, comme dans*
» *une fpacieufe cabane, tous nos enfans les*
» *hommes rouges Illinois.*

» Je viens donc pour vous ratifier cette
» parole, qui eft celle du plus tendre père
» & du meilleur Roi de la terre, puifque
» je fuis chargé de vous apporter de fes
» magafins, des marchandifes qu'il vous
» envoye pour couvrir vos femmes & vos
» jeunes filles ; car le cœur de ce *grand*
» *Chef des hommes blancs* fouffre beau-
» coup de favoir que fes enfans les hom-
» mes rouges, font dignes de pitié (c'eft-
» à-dire qu'ils ont le corps nud); en outre,
» pour les faire vivre de viande de chaffe,
» les faire redouter & les défendre contre
» vos ennemis mortels *les Renards*, je leur
» apporte des armes blanches, des fufils,
» de la poudre & des bales. Et comme un
» véritable père, il y a ajouté de fon lait (1)

---

(1) Les Sauvages de la Louifiane appellent l'eau-de-vie de l'eau de feu, ou le lait des François. Je me reffouviens que lorfqu'ils venoient voir M. de Macarty,

« pour réjouir & donner de la vigueur aux
« vénérables vieillards de la Nation, afin
« qu'ils conseillent sagement les jeunes
« Guerriers, & leur recommandent ex-
« pressément de ne point *perdre l'esprit*,
« c'est-à-dire, de ne jamais se moquer du
« *Maître de la vie*, ou de *l'Être Suprême*,
« qui vous protégera contre la Nation des
« *fins Renards*, vos ennemis perpétuels.

« Et si après ils étoient assez téméraires
« pour venir vous morguer pendant que je
« résiderai sur vos terres, vous me verrez
« élevé, c'est-à-dire, que je marcherai alors
« sur la plante des pieds, à la tête de tous mes
« valeureux Guerriers François & Illinois,
« avec des gros fusils (petites pièces d'ar-
« tillerie) qui foudroyeront ces audacieux
« fanfarons, & nous ferons des bourres
« à canon de leurs chevelures.

« Vous saurez donc que le grand Chef
« de tous les François ne manquoit nulle-
« ment de Capitaines mieux faits & bien
« plus grands que moi, pour venir dans

---

notre Commandant aux Illinois, ces Indiens disoient, nous allons voir notre pere, & en même temps pour tetter de son lait. Bossu, nouveaux Voyages dans l'Amérique septentrionale.

» votre pays ; mais cet augufte Souverain
» appréhendoit, avec jufte raifon, que s'il
» en eût envoyé un autre que moi pour
» expliquer fa parole royale, cet autre
» François n'eût pu la rendre à fes enfans
» les hommes rouges, avec la même force
» ou la même intelligence, parce qu'il a
» été informé que je parle comme vous
» la langue Illinoife (1). Voilà précifément
» pourquoi le bon Monarque des François
» m'a préféré aux Capitaines plus grands
» de fon vafte Empire, pour venir dans
» votre pays, avec fes marchandifes & fes
» munitions de guerre, afin que je vous
» en faffe la répartition fuivant fes ordres
» que j'exécuterai ponctuellement, fans
» qu'il en foit détourné une aiguille ».

Ce Difcours fut écouté avec le plus grand filence, auquel fuccédèrent des applaudiffemens de toute l'affemblée.

Alors le plus ancien Orateur de la Na-

---

(1) L'Idiôme Illinois eft extrêmement difficile à apprendre. Cependant M. de Boisbriand furpaffa toutes les difficultés de cette langue barbare, & il l'apprit fi parfaitement, que par l'ufage qu'il en fit, l'on eût dit qu'elle lui étoit naturelle.

tion adreſſant la parole à M. de Boisbriand, prononça un Diſcours dont voici la traduction.

» Ta parole a pénétré dans nos cœurs,
» auſſi promptement que le trait d'un arc.
» Nos Guerriers & nos jeunes gens, qui,
» ſouvent, ne jugent que ſur l'apparence,
» t'avoient auparavant, comme des igno-
» rans, mépriſé ; mais ils reconnoiſſent
» préſentement, avec juſtice, que tu es
» plus haut en lumière & en valeur que
» ne ſont les étoiles ſur nos têtes, & que
» tu es plus profond en pénétration & en
» connoiſſance que les gouffres du fleuve
» de Mechaſſepi (appellé le Miſſiſſipi, ou
» le fleuve Saint-Louis par les François) ; ils
» penſent comme moi, que c'eſt la force
» de ton eſprit qui a empêché ton corps
» de croître. Auſſi le *Maître de la vie*,
» ou l'Auteur de la nature, t'a copieuſe-
» ment dédommagé de la petite taille de
» ton corps, en t'accordant la grandeur de
» l'ame, avec des ſentimens vraiment hé-
» roïques, pour défendre & protéger contre
» leurs ennemis, les hommes rouges *Il-*
» *linois* & leurs Alliés, qui s'efforceront

» de gagner ton amitié, & en même-
» temps qui chériffent l'adoption qu'a bien
» voulu faire de notre Nation le grand
» Chef des François.

» En conféquence nous te prions très-
» inftamment de mander dans *l'écorce*
» *qui parle*, à notre Père, le grand Chef
» des hommes blancs, que nous ne trou-
» vons point dans notre langue des termes
» affez expreffifs pour le remercier de l'at-
» tention paternelle qu'il a bien voulu avoir
» pour notre Nation, en envoyant réfider
» fur notre terre, afin de la conferver tou-
» jours blanche, un Capitaine de valeur
» tel que toi. Auffi, pénétrés d'amour en-
» vers ce digne Chef, & pour lui en mar-
» quer notre fincère & vive reconnoif-
» fance, nous députerons des confidérés
» ou des notables pour aller de l'autre côté
» du grand lac d'eau falée, affurer notre
» Père, dans fa grande cabane, au grand
» village des François (1), que nous vou-

___

(1) Boffu, de qui nous tirons ce difcours, fait mention dans la premiere partie de fes Voyages, de ces Ambaffadeurs Américains qui pafferent en France en 1725; ils furent préfentés au Roi, qui décora le Chef

» lons vivre & mourir ses plus fidèles al-
» liés & enfans les hommes rouges *Illi-*
» *nois* ».

Les Padoucas, Nation habitant à l'ouest-quart-nord-ouest des Missouris, étoient en guerre avec les Nations voisines & amies des François, ce qui portoit obstacle à notre commerce. Pour remédier à cet inconvénient, M. de Bourgmont, Commandant du Fort d'Orléans sur la rivière du Missouri, manda toutes les Nations nos Alliées, & les engagea à l'accompagner aux Padoucas, afin de les mettre tous en paix, & par ce moyen faciliter la traite entr'eux tous & les François, & faire alliance avec les Padoucas.

A cet effet, M. de Bourgmont partit du Fort d'Orléans le 3 Juillet 1724, & arriva chez les Padoucas le 18 Octobre. Le 20, sur les deux heures après-midi, le

---

d'une médaille avec son portrait. Il y avoit aussi la fille d'un Chef de la Nation des Missouris, que M. de Bourgmont, qui commandoit le Fort d'Orléans, dans cette partie de la terre, amena avec lui en France. Cette Indienne fut baptisée dans l'Eglise de Notre-Dame de Paris. On l'appelloit la Princesse des Missouris.

grand Chef des Padoucas vint au camp des François avec trois Chefs de guerre, pour voir M. de Bourgmont, qui lui donna la main, le fit asseoir, puis fumer. Demi-heure après il se rassembla dans le camp un grand nombre de Padoucas, avec quantité de femmes & d'enfans. Quand le Chef les vit rassemblés, il se leva, se mit au milieu de cette troupe, fit venir l'Interprête, pour expliquer à M. de Bourgmont ce qu'il alloit dire ; mais avant de commencer, il dit à l'Interprête qu'il donneroit volontiers deux doigts de sa main pour pouvoir se faire entendre lui-même au Chef des François.

Voici la teneur de sa harangue.

» Mon Père, mon cœur est serré comme
» s'il étoit entre deux pierres. Que ne
» puis-je parler comme toi pour me faire
» entendre? Encore ne pourrois-je parler
» comme mon cœur ; il vaudroit mieux
» que mon cœur eût une bouche qui pût
» se faire entendre.

» Depuis long-temps nos cœurs trem-
» blent comme des feuilles agitées par les

» vents au moindre cri des oiseaux de
» nuit; tous nos Guerriers étoient sur pied,
» & ne dormoient que les armes à la
» main, quoique les jeunes gens fuffent à
» la découverte dans le jour.

» A peine avoit-on fini les pleurs ré-
» pandus pour un Guerrier tué, qu'il fal-
» loit en pleurer un autre; nos femmes
» n'osoient aller chercher du bois pour
» nous préparer à manger, & à nos enfans
» qui crioient à la faim nuit & jour ; nous
» n'osions aller à la chaffe, parce que le
» foleil étoit rouge, le temps étoit fombre,
» les chemins étoient couverts de ronces
» & d'épines, l'eau trouble nous cachoit
» le poiffon, le gibier fuyoit loin de nos
» villages ; nous avions le ventre plat &
» les joues creuses ; les oiseaux qui per-
» choient prêt de nous fembloient, par
» leur trifte ramage, ne nous chanter que
» des chanfons de mort.

» Mais aujourd'hui, mon Père, tu nous
» apportes les beaux jours. Ah! que le
» ciel eft ferein, que le foleil eft brillant!
» les chemins font nets, l'eau eft claire,
» le gibier revient. Nos femmes vont rire,
      » danfer,

» danser & préparer à manger à leur aise ;
» nos enfans vont courir & sauter comme
» des faons de biche ; & vivant en paix
» avec ceux qui étoient nos ennemis, nous
» marcherons sans crainte par le même
» chemin ; le même soleil nous éclairera ;
» nous nous régalerons ensemble comme
» frères ; & quoique nos Nations soient
» un peu éloignées, nous serons comme
» si nous étions ensemble, nous portans
» les uns les autres dans nos cœurs.

» Ah ! l'heureux jour qui t'a vu parmi
» nous, mon Père ; à peine nos descen-
» dans se souviendront-ils de nous qu'ils
» publieront ton nom & la bonté du Sou-
» verain qui t'envoye ici nous apporter la
» paix & tant de belles marchandises.
» Pourrions-nous oublier la bonté du cœur
» François, qui donne tant de choses sans
» dessein. Tout ce que l'on m'a dit des
» François n'est rien en comparaison de ce
» que je vois. On m'a dit bien des choses
» de votre valeur ; mais vous la prouvez
» encore mieux, en nous donnant des armes
» effrayantes dont le seul bruit nous fait
» trembler. Les Espagnols, au contraire,

O

» ne nous traitent que des chevaux, dont
» ils ont si grand nombre qu'ils n'en sça-
» vent que faire ; d'un autre côté, ils ne
» nous traitent que de mauvaises haches
» de fer mol, & quelques petits coûteaux,
» dont souvent ils cassent la pointe, de
» crainte que nous ne nous en servions
» quelque jour contr'eux, & ils ne nous
» donnent que cela qu'ils nous traitent
» bien cher. Quelle différence des François
» aux Espagnols, dont je ne fais pas plus
» de cas à présent que de cette terre ; (il
se baissa & prit un peu de terre qu'il jetta
du côté des terres Espagnoles) » au lieu
» que je regarde aujourd'hui les François
» comme le soleil (en le montrant de la
» main).

» Tu vois ici, mon Père, beaucoup de
» Guerriers, mais j'en ai encore bien d'au-
» tres qui n'ont pu arriver, étant très-
» éloignés d'ici ; ils ont tous ta parole,
» ils l'ont reçue de ma part; ainsi tu peux
» les commander quand tu voudras, &
» me commander aussi ; je puis t'en fournir
» plus de deux mille qui t'obéiront comme
» à moi, & moi qui t'obéirai d'aussi bon

» cœur que tu nous as donné tant de belles
» marchandises à notre usage. Que vous
» êtes heureux, nos amis les Missouris, les
» Osages, les Othouez, les Canzès, les
» Aïaouez, les Panimahas, de voir souvent
» les François vos amis ! rien ne leur est
» cher, ils sont généreux comme des pères
» à leurs enfans. Obéissons donc tous à
» de si bons voisins, & ne faisons tous
» ensemble avec eux, qu'une même Na-
» tion, qu'un cœur & une même vo-
» lonté.

» Sois assuré de tout ce que je te dis;
» car je suis promptement obéi quand je
» parle, & je ne dis rien que de vrai, parce
» que je suis un vrai homme. Ecoute, mon
» Père, je te prie pour moi & pour toute
» ma Nation, de nous envoyer des Fran-
» çois pour traiter avec nous; nous les re-
» cevrons bien, nous leur donnerons des
» chevaux & des pelleteries. Aussi-tôt que
» tu seras parti, j'assemblerai les vieillards
» pour le Conseil, & j'ordonnerai de
» passer des robes de bœuf pour traiter des
» chevaux aux Espagnols pour vous les
» donner; je dirai aussi qu'on fasse beau-

O ij

» coup de pelleteries pour les François ;
» enfin je ferai tout ce que tu voudras,
» pour que tu voyes que nos cœurs sont
» à toi & aux François, plus que s'ils
» étoient nos frères : sois certain que mes
» paroles sortent de mon cœur, & que je
» suis un vrai homme ».

M. de Bourgmont lui répondit : » Mon
» ami, je te suis obligé de tes Guerriers
» pour le présent, nous sommes en paix
» avec toutes les Nations du pays ; mais si
» quelque Nation rompoit les chemins,
» je ne te refuserois pas ». Le grand Chef
» répartit : » Mon Père, tu me feras plaisir
» de m'avertir quand tu auras besoin de
» moi, & de mes Guerriers ; tu n'as
» qu'à parler, tu feras obéi ».

En 1770 M. Bossu, que nous avons
déja cité, alla visiter les Akanças (1),

───────────

(1) Les Akancas, ou Arkansas, Nation indienne établie sur la riviere du même nom, qui se jette dans le Mississipi du côté de l'ouest. Cette Nation est assez considérable, depuis sur-tout que les Kappas & une partie des Illinois se sont retirés chez eux, ainsi que les Mitchigamias. Les Akansas passent pour être les plus grands & les mieux faits de tous les Sauvages du nouveau conti-

parmi lesquels il avoit vécu plusieurs années auparavant. Ces Peuples reçurent notre Voyageur avec les plus grandes marques d'amitié : on lui présenta d'abord le calumet de paix ; ensuite le grand Chef & les Chefs de Guerre lui serrèrent la main l'un après l'autre, en signe d'amitié. Après cette cérémonie on le porta au bain; au sortir de là on le conduisit dans la grande Cabanne du Conseil de la Nation, où il fut placé sur un siége fait d'un tronc d'arbre creusé, couvert d'une peau de tigre ou de léopard.

Après un repas qui fut servi par les femmes & les filles des Guerriers, l'Orateur se leva, & ayant salué le grand Chef & l'assemblée, il parla en ces termes :

» Il y a long-temps, mon Père, que
» nous n'avions vu ton visage ; toute la
» Nation est en joie de voir aujourd'hui
» que tu marches sur notre terre, qui est

---

nent, & on les appelle par distinction *les beaux Hommes*. Ils étoient singuliérement attachés aux François, quand nous avions des possessions dans cette partie du monde. Leur pays est très-beau & extrêmement fertile.

» blanche (1), puisqu'elle n'a jamais été
» teinte de ton sang. Tous tes enfans, les
» *Akanças*, t'ont pleuré, parce qu'ils ne
» sçavoient pas ce que tu étois devenu
» depuis quatorze récoltes & six lunes.
» Nous croyions que tu étois allé au *pays*
» *des ames* ; mais ce qui nous fâchoit le
» plus, c'est que nous ne connoissons point
» le chemin du *pays des esprits*, & que
» nous étions malheureusement privés de
» recevoir de tes nouvelles.

» Nous espérons cette fois que tu ne
» repasseras plus le *grand lac* d'eau salée
» & amère, pour retourner au grand vil-
» lage des François, où tu as été, comme
» nous venons de l'apprendre, renfermé
» dans une cabane forte (2), parce que
» l'on avoit fait voler sur *l'écorce parlante*
» (le papier), de mauvaises paroles contre
» toi ; si tu étois resté parmi nous, tu
» n'aurois pas éprouvé un pareil traite-
» ment. Ici le plus fort n'opprime point
» le plus foible ; ici le méchant ne pros-
» père point, & le bon n'est point puni;

---

(1) C'est-à-dire qu'ils n'ont jamais tué de François.
(2) La Bastille.

» ici les *hommes rouges* n'égorgent point,
» comme les hommes blancs, leurs frères,
» pour de la terre & du *fer jaune* (de
» l'or) qu'ils méprisent; ici la terre nous
» nourrit en la cultivant sans peine; ceux
» à qui elle donne le plus n'entassent point
» leur récolte de *patates*, d'*ignames* &
» *de maïs*, ou bled d'inde, pour le con-
» server, ou plutôt pour profiter du mal-
» heur des autres, afin de leur ôter la
» subsistance, comme font les Européens;
» au contraire, les Américains, comme
» tu en as été témoin oculaire, se font
» une joie & un plaisir indicibles d'en se-
» courir la veuve, l'orphelin, les vieillards
» & les plus pauvres ; c'est ici où l'on
» peut vivre content, sans être agité de
» passions violentes comme les hommes
» blancs, souvent souillés de meurtres &
» de crimes horribles; ici tout est soumis
» à la volonté du *Grand-Esprit*, (ou de
» l'Etre suprême.) C'est ici qu'il est servi de
» la manière la plus agréable, dans un
» Temple simple & sans appareil, (au
» pied d'un arbre touffu & aussi ancien
» que le monde, d'où découle une gomme
» aromatique qui lui sert d'encens) sans

» subtilité de la part de nos *Jongleurs* (ou
» Prêtres,) comme nous apprenons qu'il
» est d'ordinaire chez les autres Nations.
» Le cœur seul l'adore, & lui offre des
» paroles de vérité; il suffit de le sentir
» ce cher bienfaiteur, ce *Maître de la*
» *vie*.

» Nous nous flattons que tu voudras
» bien enfin te fixer parmi tes enfans, les
» Guerriers *Akanças*, qui t'en conjurent,
» ayant besoin de tes conseils pour les
» conduire à la guerre, & les faire re-
» douter de ces chiens de *Chikachas*, de-
» venus nos ennemis implacables depuis
» qu'ils ont tué & brûlé des François,
» avec le Chef de la Prière (un Mission-
» naire).

» Tu es bien le maître, étant adopté
» Chef de guerre, de choisir une fille de
» Chef pour être ta femme. Nos Guer-
» riers iront frapper sur l'ennemi commun
» pour faire sur eux des prisonniers qui te
» serviront d'esclaves; les Chasseurs tue-
» ront du petit gibier, & les Pêcheurs
» prendront dans les lacs & les rivières,
» les poissons les plus délicats pour te faire

» vivre ; les garçons joueront devant toi
» à la raquête, & les jeunes filles danſe-
» ront & chanteront des airs agréables
» pour te réjouir. Qui oſera attenter à ta
» perſonne, nous l'aſſommerons à coup
» de maſſue, ſans miſéricorde ».

Juſqu'ici nous n'avons mis ſur la ſcène que des hommes ; mais on ſçait que les femmes ne le leur cedent pas dans l'art de perſuader ; par-tout ce ſexe a reçu en partage le don de plaire & celui d'émouvoir. Nous allons donc citer un exemple de l'éloquence des femmes Sauvages, & nous le choiſirons dans un fait où notre Nation fut malheureuſement trop intéreſſée.

En 1729, M. de Chepar, Commandant du Poſte des Natchez (1), ſur le Miſſiſſipi,

(1) Les Natchez formoient autrefois une Nation puiſſante, & formidable à leurs voiſins : ils habitoient ſur les bords du Miſſiſſipi, depuis la riviere Mantchac, qui eſt à cinquante lieues de la mer, juſqu'à l'embouchure de l'Ohio, qui en eſt à quatre cens ſoixante lieues environ : mais après le maſſacre qu'ils firent des François, ils furent preſque totalement détruits, & ceux qui échapperent, ſe réfugierent chez les Tchicachats, qui leur donnerent un aſile.

commit plusieurs injustices, & exerça toutes sortes d'exactions contre ces Peuples, qu'il auroit dû ménager, & qui étoient depuis long-temps amis des François. Les Natchez, qui, ainsi que tous les autres Sauvages, détestoient la tyrannie, ne purent souffrir de se voir ainsi maltraités par des gens qu'ils regardoient comme des étrangers. Pendant cinq à six jours les nobles vieillards se consultèrent les uns les autres, & le résultat de leurs conseils fut le massacre général des François, à un jour & une heure indiquée.

Malgré toutes les précautions que nos Sauvages prirent pour cacher leur dessein à leurs femmes & au peuple, la mère du grand Chef de la Nation, femme de beaucoup d'esprit, & qui avoit toujours aimé les François, voyant beaucoup de mouvemens parmi les Chefs & les Anciens, se douta de la conspiration : elle trouva mauvais qu'on lui en fît un mystère, se plaignit amèrement à son fils de son peu de confiance en elle, & voyant qu'elle ne pouvoit obtenir de lui la révélation de ce qu'elle appréhendoit; elle le tira à l'écart,

& se voyant seule avec lui, elle lui parla en ces termes :

» Asseyons-nous ici, aussi bien je suis
» lasse, & j'ai quelque chose à te dire.
» Lorsqu'ils furent assis elle ajouta : ouvre
» tes oreilles pour m'entendre ; je ne t'ai
» jamais appris à mentir ; je t'ai toujours
» dit qu'un menteur ne méritoit pas d'être
» considéré comme un homme, & qu'un
» Soleil (1) menteur étoit digne du dernier
» mépris, & même de celui des femmes ;
» ainsi je crois que tu me diras la vérité.
» Dis-moi donc, les Soleils ne sont-ils pas
» tous frères ? Cependant tous les Soleils
» se cachent de moi, comme si mes lè-
» vres étoient coupées, & comme si je ne
» pouvois retenir mes paroles. Me con-
» nois-tu femme à parler en dormant ? Je
» suis au désespoir de me voir méprisée
» de mes frères, mais encore plus de l'être
» de toi-même. Quoi donc ? N'es-tu pas
» sorti de mes entrailles ? n'as-tu pas succé
» mon sein ? ne t'ai-je pas nourri du plus

_____

(1) Les Souverains des Natchez s'appelloient Soleils, & leurs femmes Soleilles, parce qu'ils se disoient issus d'un homme & d'une femme enfans du Soleil.

« pur de mon sang ? Est-ce que ce même
« sang ne coule pas dans tes veines ? Se-
« rois-tu Soleil si tu n'étois pas mon fils ?
« As-tu déja oublié que sans mes soins tu
« serois mort il y a long-temps ? Tout
« le monde t'a dit, & moi aussi, que tu
« es fils d'un François (1); mais mon propre
« sang m'est beaucoup plus cher que celui
« des étrangers ; je marche aujourd'hui au-
« près de toi, semblable à une chienne,
« sans être regardée ; je m'étonne que tu
« ne me repousses pas avec le pied ; je ne
« suis point surprise de voir les autres se
« cacher de moi ; mais toi, qui es mon
« fils, le peux-tu ? As-tu jamais vu dans
« notre Nation un fils se défier de sa mère ?
« Tu es le seul de ce caractère. Quoi ! tant
« de mouvement dans la Nation sans que
« j'en sçache la raison, quoique je sois la
« vieille Soleille ? As-tu peur que je ne te

---

(1) Cette Princesse avoit aimé pendant long-temps un Officier de notre Nation ; on ne doutoit point qu'il ne fût le pere du grand Soleil, & cela n'ôtoit rien à celui-ci du respect qu'avoient pour lui ses sujets ; les femmes donnoient la noblesse parmi eux ; ils se contentoient d'être sûrs de la mere d'un homme ; il leur importoit peu de douter de ce que pouvoit être son pere.

„ rebute, & que je te fasse l'esclave des
„ François contre lesquels vous agissez?
„ Ah! que je suis lasse de ces mépris, & de
„ marcher avec des hommes ingrats „! (1)

Voici un fait plus récent, & qui regarde plus particulièrement l'Histoire de Kentucke.

Vers le Printemps de l'année 1774, deux Sauvages de la Nation Shawanèse, tuèrent un habitant des frontières de la Virginie, & pillèrent sa maison. Les voisins du mort, selon leur coutume, résolurent de tirer vengeance de cet outrage de la manière la plus prompte. Le Colonel Cresap, qui s'étoit fait une réputation infâme par une infinité de meurtres qu'il avoit commis sur ces peuples si souvent attaqués injuste-

―――――――――

(1) Le grand Soleil fut pénétré de ce discours; il s'attendrit, il versa des larmes, & avoua tout à sa mere, qui n'eut rien de plus empressé que de faire avertir secrétement les François de se tenir sur leurs gardes: mais tel fut l'aveuglement du Commandant, qu'il fit mettre aux fers ceux qui lui donnerent cet avis: il ne tarda pas à être la victime de son imprudente sécurité, ayant été enveloppé dans le massacre général des François du Poste des Natchez, qui eut lieu le 28 Décembre 1729.

ment, rassembla un parti, & se mit en marche en suivant la Kanhaway pour aller chercher les Sauvages. Malheureusement un canot rempli de femmes & d'enfans, avec un seul homme, parut à l'autre bord de la rivière, voguant sans armes, & ne soupçonnant aucune hostilité de la part des Blancs. Cresap & sa troupe se cachèrent derrière les rochers qui bordent la rivière, & au moment où le canot aborda, ils firent feu sur lui, & tuèrent tous ceux qui étoient dedans. C'étoit la famille de Logan, un des Chefs de la Nation Mingo, qui s'étoit distingué par son amitié pour les Virginiens. Cet indigne assassinat provoqua sa vengeance. Il se signala par sa valeur dans la guerre qui s'ensuivit (1). Dans l'Automne de la même année il se livra une bataille sanglante vers l'embouchure de la grande Kenhaway, entre les forces réunies des Shawanèses, des Mingos & des Delawares, & un détachement de la Milice de Virginie. Les Sauvages furent vaincus & cherchèrent à faire la paix. Ils envoyèrent des Députés au Gouverneur

―――――――――――――――――――――

(1) Le Colonel Boon fut employé dans cette Campagne. Voyez ci-dessus, page 70.

Dunmore. Logan ne voulut pas se trouver parmi les supplians; mais de peur que son absence ne portât la moindre atteinte à l'authenticité du Traité, il envoya à ce Gouverneur, par un Messager, le Discours suivant.

» J'en appelle à tout homme blanc:
» qu'il dise si jamais il est entré dans la
» cabane de Logan avec la faim, & qu'il
» n'ait pas reçu de lui de quoi manger;
» si jamais il est venu chez lui nud & transi
» de froid, & qu'il n'ait pas été habillé
» & chauffé. Durant le cours de la der-
» nière guerre, qui fut longue & san-
» glante, Logan resta tranquille dans sa
» cabane, & ne cessa de s'occuper des
» moyens de faire la paix. Tel étoit mon
» amour pour les hommes blancs, que
» mes Compatriotes me remarquoient
» quand ils passoient près de moi, & di-
» soient: *Logan est l'ami des hommes blancs;*
» J'avois même formé le projet d'aller
» vivre parmi vous, sans l'horrible injustice
» d'un seul homme. Le Colonel Cresap,
» de sang froid & sans être provoqué, a
» indignement assassiné tous mes parens,

» n'épargnant pas même ma femme & mes
» enfans. Il ne coule plus une seule goutte
» de mon sang dans les veines d'aucune
» créature vivante. Ce meurtre a excité
» ma fureur; je m'y suis abandonné : j'ai tué
» plusieurs des vôtres; j'ai assouvi ma ven-
» geance. Les rayons de paix qui commen-
» cent à luire me réjouissent, à cause de mon
» Pays. Mais n'imaginez pas que cette
» joie vienne de la crainte : Logan n'a jamais
» ressenti la crainte; jamais il n'aura recours
» à l'agilité de ses jambes pour sauver sa
» vie. Pauvre Logan ! qui reste-t-il pour
» pleurer ta mort ? Personne ».

Nous ne pouvions mieux finir que par ce Discours plein d'héroïsme, de sensibilité, & si on peut le dire, de patriotisme. L'Auteur Anglois qui nous le fournit ne craint pas d'avancer qu'il seroit impossible de trouver un morceau supérieur dans Démosthènes, dans Ciceron & dans les plus fameux Orateurs que l'Europe ait produit. Sans souscrire entiérement à cette opinion, nous ne pouvons nous empêcher d'admirer l'éloquence de Logan.

EXTRAIT

EXTRAIT
DE LA RELATION
Du Capitaine ISAAC STEWART (1).

IL y a environ dix-huit ans que je fus fait prisonnier à environ cinquante milles à l'ouest du Fort Pitt, par les Sauvages, qui me conduisirent chez les Ouabaches (2), avec beaucoup d'autres blancs qui y furent exécutés d'une manière barbare. J'eus le bonheur d'exciter la compassion de ce qu'on appelle la bonne Femme de la Ville, qui eut la permission de me sauver des

---

(1) Cet Extrait est tiré du Mercure de France, du 5 Novembre 1785. Comme il contient des détails intéressans, & qui peuvent servir à confirmer certains passages de l'histoire de Kentucke, nous avons cru devoir le joindre ici.

(2) Notre Auteur les nomme Wabashs. Voyez page 108. Ils habitent sur la riviere du même nom, qui se jette dans l'Ohio.

flammes, en donnant un cheval pour ma rançon.

J'étois depuis deux ans en esclavage, lorsqu'un Espagnol, envoyé du Mexique pour faire des découvertes, arriva dans ces contrées. Il s'adressa aux Chefs des Sauvages pour me racheter, moi & un autre blanc qui se trouvoit dans la même situation. Cet homme étoit du Pays de Galles, & s'appelloit Davey. L'Espagnol s'étant accordé, nous recouvrâmes enfin notre liberté. Nous partîmes avec lui, & faisant route vers l'ouest, nous traversâmes le Mississipi, près de la Rivière rouge. Nous remontâmes les bords de cette rivière dans un espace de sept cens milles, & arrivâmes chez une Nation de Sauvages extraordinairement blancs, dont les cheveux étoient généralement rouges. Ils habitoient les bords de la rivière de Post, qui tombe dans la rivière rouge. Le lendemain de notre arrivée parmi ces Sauvages, le Gallois nous annonça qu'il étoit résolu à rester chez eux, parce que, disoit-il, leur langage étoit semblable au sien (1). Cette découverte

―――――――――――――
(1) Ceci confirme ce qui est dit, page 122, de cette

excita vivement ma curiosité. J'allai trouver, avec mon compagnon, les Chefs de la Ville, qui lui apprirent, dans une langue dont je n'avois point de connoiſſance, & qui ne reſſembloit en rien aux autres langues Indiennes que j'avois entendu parler, que leurs ancêtres étoient venus d'un pays très-lointain, & qu'ils avoient abordé à l'eſt du Miſſiſſipi, dans un pays dont la deſcription quadroit parfaitement avec ce que l'on appelle la Floride occidentale. Ils ajoutèrent que lorſque les Eſpagnols avoient pris poſſeſſion du Mexique, ils s'étoient enfuis dans le pays qu'ils habitoient encore aujourd'hui. Pour plus grande preuve de ce qu'ils avançoient, ils produiſirent des rouleaux de parchemin qui étoient ſoigneuſement enveloppés dans des peaux de loutre, & ſur leſquels étoient de grands caractères écrits en bleu, que je ne pus point déchiffrer. Mon compagnon ne ſachant pas lire, même dans ſa langue, je ne pus point obtenir l'explication de ces par-

---

Nation habitant à une grande diſtance des Etats-Unis ſur le Miſſouri, qui, d'après les rapports des Habitans de l'oueſt, & du Capitaine Chaplain, parlent la langue Galloiſe.

chemins. Ce peuple est brave, guerrier & intrépide, & les femmes y sont belles, en comparaison des autres Sauvages.

Nous quittâmes cette Nation après y avoir été fort bien reçus, & même invités à nous y établir. Nous n'étions plus que deux, l'Espagnol & moi. Nous continuâmes notre route, en remontant toujours la rivière rouge. Bientôt nous nous trouvâmes chez un peuple appellé les *Ouindots*, qui n'avoient jamais vu de blancs, & qui ignoroient l'usage des armes à feu. Nous vîmes en chemin un ruisseau qui rentroit en terre, au pied d'une chaîne de montagnes. Ce ruisseau étoit extraordinairement clair, & nous trouvâmes sur ses bords les ossemens de deux animaux si grands que l'on pouvoit se tenir debout entre les côtes. Les dents de ces animaux étoient aussi extrêmement lourdes (1).

La Nation qui n'avoit jamais vu de blancs habitoit les environs de la source de la

---

(1) Il est vraisemblable que ces os appartiennent à la même espece d'animaux que ceux dont il est parlé page 37, & suivantes.

rivière rouge, & ce fut là que l'Espagnol découvrit de la poudre d'or dans les sources & les ruisseaux.

Ayant appris des Sauvages qu'il y avoit encore plus à l'ouest une Nation très-riche, chez laquelle les pointes des flèches étoient d'or, nous partîmes dans l'espérance de la trouver. Au bout de cinq cens milles de marche, nous traversâmes une chaîne de montagnes d'où les ruisseaux couloient directement à l'ouest. Nous trouvâmes enfin au pied de ces montagnes de l'or en grande abondance. L'Espagnol fit alors éclater toute sa joie. Je ne connoissois point la nature de la mine, mais je ramassois ce qu'il appelloit de la poudre d'or du fond des ruisseaux qui couloient des rochers. Elle avoit une couleur jaunâtre, & étoit extrêmement lourde. Mon camarade fut si satisfait de notre travail, qu'il résolut de ne pas avancer plus loin, étant persuadé qu'il avoit trouvé une terre assez riche en mines.

A notre retour nous prîmes une route différente, & ayant atteint le Mississipi, nous nous rendîmes dans un canot à l'embouchure du Miſſouri, où ſe trouve un Poſte Eſpagnol. Là je pris congé de mon Eſpagnol, & me rendis chez les Chikaſans, delà chez les Cherokis, & peu de temps après j'arrivai au fort de Ninety-Six, dans la Caroline Méridionale.

Je ne ſaurois donner une juſte deſcription du pays au ſud-oueſt du Miſſiſſipi. J'ai ceſſé d'admirer les contrées au nord-eſt de ce fleuve, lorſque j'ai vu ce pays ; la fertilité du ſol, la richeſſe des pâturages, la majeſté des forêts, la beauté des prairies, qui, dans beaucoup d'endroits, ſont de la plus grande étendue, & couvertes d'herbes qui ont trois pieds de haut ; le gibier & les animaux de toute eſpèce ; les raiſins & les fruits qui s'y rencontrent partout en Automne ; tout en un mot, me fait croire que le reſte de l'Amérique eſt undéſert en comparaiſon de ce pays connu en Europe ſous le nom de la Louiſiane. L'air y eſt pur & ſerein, & le climat y eſt des plus excellens. La nature y a arroſé le terrein avec abondance, & en quantité d'endroits l'on trouve des eſpaces de ſel de roche, où les animaux vont dans certaines saisons. L'on distingue sur la surface les traces qu'y ont laissées avec leur langue les bêtes féroces (1).

Il n'y a point de pays dans le monde plus propre à la culture de l'indigo, du riz & du tabac. Les rives du Missouri & de la rivière rouge, pourroient, si on les cultivoient, fournir assez de ces articles pour la consommation de toute l'Europe. On pourroit aussi construire des vaisseaux dans un espace de mille milles, entre les confluens de ces deux rivières, & le courant est assez rapide pendant trois mois de l'année pour permettre à des vaisseaux de descendre le fleuve sur le pied de cent milles par vingt-quatre heures.

---

(1) Voyez pages 35 & 36, où il est parlé de nombreux troupeaux de bisons qui vont brouter sur les salines, & laissent des traces de leur présence.

CERTIFICAT
DONNÉ A L'AUTEUR
Par trois Habitans de Kentucke.

Nous souffignés, Habitans de Kentucke, bien inftruits de tout ce qui concerne ce pays depuis le premier établiffement de la Colonie, avons revu foigneufement, à la prière de l'Auteur, l'Hiftoire & la Carte de Kentucke, & les recommandons au Lecteur, comme dignes de fa confiance, & contenant une defcription de notre Pays auffi exacte qu'il foit poffible, & très-préférable à toutes celles qui font venues à notre connoiffance; & nous penfons que cet Ouvrage pourra être utile au Public. En foi de quoi nous avons délivré le préfent certificat figné de notre main, ce 12 Mai 1784.

DANIEL BOON.
LEVI TODD.
JAMES HARROD.

APPROBATION.

APPROBATION.

J'AI lu par ordre de Monseigneur le Garde des Sceaux, un Manuscrit intitulé : *Histoire & Description de la Colonie de Kentucke*, & je n'y ai rien trouvé qui puisse en empêcher l'impression. A Paris, le 20 Août 1785.
DÉMEUNIER.

PERMISSION DU ROI.

LOUIS, par la grace de Dieu, Roi de France & de Navarre : A nos amés & féaux Conseillers, les Gens tenans nos Cours de Parlement, Maîtres des Requêtes ordinaires de notre Hôtel, Grand-Conseil, Prévôt de Paris, Baillifs, Sénéchaux, leurs Lieutenans Civils & autres nos Justiciers qu'il appartiendra ; SALUT. Notre amé le sieur BUISSON, Libraire, Nous a fait exposer qu'il desireroit faire imprimer & donner au Public *l'Histoire de Kentucke, nouvelle Colonie à l'ouest de la Virginie, contenant, 1°. la description, l'acquisition, l'établissement, la description topographique, l'histoire naturelle, &c. de ce territoire, &c.* s'il Nous plaisoit lui accorder nos Lettres de permission pour ce nécessaires. A CES CAUSES, voulant favorablement traiter l'Exposant, Nous lui avons permis & permettons par ces présentes, de faire imprimer ledit Ouvrage autant de fois que bon lui semblera, & de le faire vendre & débiter par tout notre Royaume, pendant le tems de cinq années consécutives, à compter du jour de la date des présentes. Faisons défenses à tous Imprimeurs, Libraires & autres personnes, de quelque qualité & condition qu'elles soient, d'en introduire d'impression étrangere dans aucun lieu de notre obéissance. A la charge que ces présentes seront enregistrées tout au long sur le registre de la Communauté des Imprimeurs & Libraires de Paris, dans trois mois de la date d'icelles ; que l'impression dudit Ouvrage sera faite dans notre Royaume

& non ailleurs, en bon papier & beaux caracteres; que l'Impétrant se conformera en tout aux Réglemens de la Librairie, & notamment à celui du 10 Avril 1725, & à l'Arrêt de notre Conseil du 30 Août 1777, à peine de déchéance de la présente permission; qu'avant de l'exposer en vente, le manuscrit qui aura servi de copie à l'impression dudit Ouvrage sera remis dans le même état où l'Approbation y aura été donnée, ès mains de notre très-cher & féal Chevalier Garde des Sceaux de France, le sieur HUE DE MIROMESNIL, Commandeur de nos Ordres; qu'il en sera ensuite remis deux exemplaires dans notre Bibliotheque publique, un dans celle de notre Château du Louvre, un dans celle de notre très-cher & féal Chevalier Chancelier de France, le sieur DE MAUPEOU, & un dans celle dudit sieur HUE DE MIROMESNIL, le tout à peine de nullité des présentes; du contenu desquelles vous mandons & enjoignons de faire jouir ledit Exposant & ses ayans cause pleinement & paisiblement, sans souffrir qu'il leur soit fait aucun trouble ou empêchement. Voulons qu'à la copie des présentes, qui sera imprimée tout au long, au commencement ou à la fin dudit Ouvrage, foi soit ajoutée comme à l'original. Commandons au premier notre Huissier ou Sergent sur ce requis, de faire, pour l'exécution d'icelles, tous Actes requis & nécessaires, sans demander autre permission, & nonobstant clameur de Haro, Charte Normande, & Lettres à ce contraires; CAR tel est notre plaisir. DONNÉ à Paris le onzieme jour du mois d'Octobre l'an de grace mil sept cent quatre-vingt-cinq, & de notre regne le douzieme. Par le Roi, en son Conseil. Signé LEBEGUE.

Registré sur le Registre XXII de la Chambre Royale & Syndicale des Libraires & Imprimeurs de Paris, n°. 458, fol. 224, *conformément aux dispositions énoncées dans la présente Permission; & à la charge de remettre à ladite Chambre les neuf exemplaires prescrits par l'Arrêt du Conseil du 16 Avril 1785. A Paris, le 14 Octobre 1785.*

GUEFFIER, *Adjoint.*

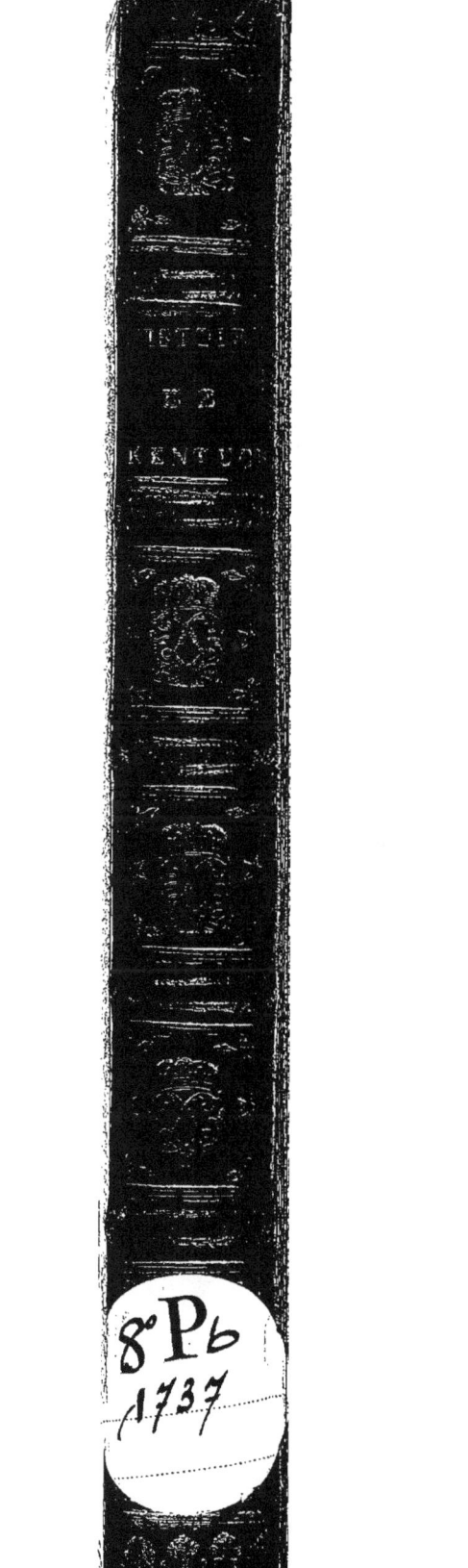

www.ingramcontent.com/pod-product-compliance
Lightning Source LLC
Chambersburg PA
CBHW050321170426
43200CB00009BA/1411